진작 이렇게 책을 읽었더라면

진작 이렇게 책을 읽었더라면

책을 읽어도 남는 게 없다는 당신을 위한
온전한 독서법

장경철 지음

생각지도

오늘의 나를 만든 것은
내 혀에 닿기만 했던 음식이 아니었다

학습 여정에서 우연히 마주친 토마스 홉스(Thomas Hobbes)의 말은 제게 충격이었습니다.

> "만일 내가 다른 사람들처럼 많은 책을 읽었다면 나도
> 다른 사람들처럼 무식할 것이다."

많은 책들과 정보를 접하는 것도 중요하지만 그보다 중요한 것은 '얼마나 내 것으로 소화시키느냐'일 것입니다. 오늘의 나를 만든 것은 내 혀에 와서 닿은 음식이 아니라 내 몸 안에 소화되고 흡수된 음식이듯이, 나의 정신을 만드는 것

은 내 눈이 가서 닿은 활자가 아니라 내 지성 안에 스며들고 물든 지식일 것입니다.

우리는 어린 시절부터 공부하라는 이야기를 자주 들으면서 자랍니다. 좋은 대학에 진학하거나 좋은 직장에 취직하려면 공부를 열심히 해야 한다는 말도 지겹도록 듣습니다. 이런 말을 듣고 자란 사람들에게 공부한다는 것은 그리 유쾌한 일이 아닙니다. 어서 빨리 이 지긋지긋한 공부를 그만두는 날이 왔으면 좋겠다고 생각한 적도 있을 것입니다.

그런데 요즘에는 새로운 환경에 적응하기 위해 책을 읽고 공부해야 한다는 말을 자주 듣습니다. 책을 읽지 않으면 급변하는 시대에 뒤처지기 때문에 평생 학습을 위해 독서가 필요하다는 조언도 받습니다. 블로그에는 한 달에 정해진 권수 이상의 책을 읽기로 작정하면서 독서에 힘쓰는 사람들의 이야기가 있습니다. 그 과정에서 성취감과 희열을 맛본 사람도 있겠지만, 어떤 이들은 좌절을 경험하기도 합니다. 책을 읽을 때는 무언가를 알게 된 것 같으나 돌아서면 희미한 기억만 남을 뿐 진정한 변화는 찾아오지 않음에 대해 고민합니다.

어린 시절부터 해야 했던 공부에 대한 부담스러운 기억과 어른이 되어 기울였던 책 읽기 노력에 대한 애틋한 고민은 제게도 낯선 것이 아닙니다. 한때는 언제쯤이면 공부를 안 해도 될까를 생각하면서 그날을 꿈꾸기도 했고, 이 책에서 저 책으로 옮겨가면서 책을 읽기는 했지만 그 과정이 오히려 무기력감을 더해주는 경험도 했습니다.

좌절의 경험에서 저는 공부하기에 대해 질문을 던지게 되었습니다.

"도대체 공부란 무엇일까?"
"내가 진정으로 공부하게 되면 어떤 혜택을 누릴 수 있을까?"

———   ———

"어떤 것들을 배우고 익혀야 할까?"

저는 책 읽기에 대해서도 질문을 던지게 되었습니다.

"책은 수없이 쏟아져 나오는데 모든 책을 다 읽어야

할까?"

"책을 많이 읽어도 실제로 내 안에 남는 게 없는데, 어

떻게 읽어야 할까?"

"읽은 것들을 어떻게 활용해야 나만의 생각을 정립할

수 있을까?"

이 책은 이런 물음들에 대한 답변을 찾는 가운데 수확된
내용을 담고 있습니다. 공부하기에 관한 물음에 대해서 답
을 찾아가는 과정에서 공부하기는 경쟁에서 이기기 위해서
어쩔 수 없이 해야 하는 고역(苦役)이 아님을 알게 되었습니

다. 공부하기를 통해 진정한 나 자신이 될 수 있음을 경험하게 되었습니다. 공부하기를 새롭게 이해하고 정립하는 과정에서 나 자신을 찾는 여행을 떠나게 되었으며, 어떤 여행을 통해서는 '남의 나라에서 제 나라 말소리를 듣는 경험'도 하게 되었습니다.

독서에 관한 물음을 던지고, 또 책을 대하는 자세를 다듬으면서 저는 제 나름의 책 읽기 방법을 정립하게 되었습니다. 내게 찾아오는 것들을 내 안에 머물게 하기 위해서는 다독(多讀)보다는 정독(精讀)이 효과적임을 알게 되었습니다. 한 권의 책을 노트하면서 읽고, 그 노트한 것을 생각하면서 활용하고, 그 내용을 능동적으로 옮길 때 비로소 나의 지식이 된다는 '유통의 원리'도 깨닫게 되었습니다. 비록 그 과정은 더딜지라도 정독하는 가운데 책을 내 정신의 일부분으로 만들 수 있음도 알게 되었습니다.

이 책은 공부하기와 책 읽기 여정에서 제가 체득하게 된 원리들을 담고 있습니다. 이 책에서 제시하는 원리를 잘 활용할 때, 학습 여정에서 내가 마주친 지식이 그저 주입된 지식으로 머물지 않고 내 정신 안에서 능동적으로 번식하는 가운데 복리(複利)로 증가하는 새로운 경험을 하게 될 것입니다. 평생 학습자가 되어 변화된 환경에서 책을 읽고 공부하는 가운데 자신의 성장을 꿈꾸는 이들에게 이 작은 책이 도움이 되기를 바랍니다.

이 책은《금방 까먹을 것은 읽지도 마라》와《책 읽기의 즐거운 혁명》에서 제시되었던 착상들을 토대로 새롭게 다듬어졌습니다. 이 책에 새로운 옷을 입히도록 뛰어난 조언으로 도와주신 생각지도 출판사의 김은영 대표님과 기쁜 마음으로 추천의 글을 써주신 다꿈스쿨의 청울림 대표님께 진심으로 감사드립니다.

장경철

CHAPTER 4
공부한 내용을 어떻게 활용할까

CHAPTER 1

왜
공부해야
하는가

인간의 세계개방성

어떤 일을 잘하지 못할 때 많은 경우 사람들은 그 일을 왜
해야 하는지 알지 못하는 상태에 빠져 있습니다. 목적의식
의 상실은 의욕을 잃어버리게 만듭니다. 학생들이 처한 문
제도 이와 비슷합니다. 학생들이 어려움을 겪는 것은 오랜
시간 공부를 해야 하기 때문이 아닙니다. 그보다 더 중요한
문제는 그들이 도대체 왜 공부를 해야 하는지 알지 못한다

는 것입니다.

먼저 '왜 공부해야 하는가?'라는 문제에 대해 이론적인 내용을 살펴보겠습니다. 정보를 습득한다든지 지식을 얻는다든지 또는 어떤 지혜를 추구한다든지 하는 것을 모두 포괄해 공부하는 것으로 간주하겠습니다.

다른 동물에 비해 인간은 오랫동안 공부합니다. 인간 사회에서는 공부하는 것이 그 자체로서 미덕으로 여겨지고 있습니다. 그런데 '왜 공부해야 하는가?'라는 질문에 대해 자신 있게 대답할 수 있는 사람은 드뭅니다. 어떤 사람은 사회에서 좋은 직업을 얻기 위해서 공부해야 한다고 말합니다. 이것도 맞는 말이지만 더욱 근원적인 답변이 필요합니다.

'공부하기'는 인간의 삶에서 필수적이고 본질적인 기능을 합니다. 공부가 필요한 것은 인간이 인간이기 때문입니다. 도스토예프스키는 이렇게 말했습니다.

"개미는 자신의 개미 됨의 공식을 안다. 벌은 자신의 벌 됨의 공식을 안다. 그러나 그들이 자신의 공식을 아는 것은 인간이 아는 것과 같은 방식으로 아는 것이

아니라, 그들 자신의 방식으로 아는 것이다. 그리고 그
들은 더 이상 알 필요가 없다. 오직 인간만이 자신의
인간 됨의 공식을 알지 못한다."

　인간은 동물들과 다른 특징을 가지고 있습니다. 동물과
달리 발달된 의식을 가지고 있고, 언어를 자유롭게 구사하
며, 도구를 사용하고, 초월의 지평을 가지고 있습니다. 인간
이 가지고 있는 중요한 특징 가운데 하나는 '세계개방성'입
니다. 인간의 미래가 닫혀져 있지 않다는 것, 인간의 존재는
주변 환경에 대해 개방되어 있다는 것이 '인간의 세계개방
성'입니다. 인간의 세계개방성은 '미래개방성'으로 불리기
도 합니다.
　인간을 개미나 여우와 비교해보겠습니다. 개미는 학교에
다니지 않아도 개미가 되는 데 아무런 어려움이 없습니다.
여우는 특별히 공부하지 않는다고 하더라도 여우 이외에
다른 동물이 될 가능성은 없습니다. 하지만 인간은 공부하
지 않거나 다른 방향으로 잘못 공부하면 인간이 될 수 없고,
인간 이외의 다른 존재가 될 가능성이 있습니다.
　개미나 여우는 태어나자마자 자신의 존재가 이미 결정되

어 있고 완결되어 있습니다. 그들의 존재는 이미 닫혀져 있는 것입니다. 반면에 인간은 그의 미래가 결정되어 있지 않습니다. 다른 동물은 '완결된 존재'이며 '닫힌 존재'인 반면 인간은 '미완성의 존재'인 동시에 '개방된 존재'입니다.

개미의 사회에 언어가 있다고 하더라도 '비개미화'라는 말은 없을 것입니다. 여우 사회에 신문이 있다고 하더라도 '여우성 상실의 시대를 맞이하여'라는 사설은 실리지 않을 것입니다. "오늘날 이 시대는 참으로 타락한 시대이기에 우리는 여우성이 상실된 모습을 도처에서 목격하고 있다. 이 어찌 통탄할 일이 아니겠는가!" 이러한 비장한 사설은 실리지 않습니다. 그들은 자신의 인생(아니 여우생)에서 커다란 실수를 범해도 여우 이외의 존재가 될 수는 없습니다.

이에 반해 인간 사회에는 비인간화의 위협과 인간성 상실의 공포가 있습니다. 인간이 어떤 존재가 되느냐의 문제는 환경에 의해 규정되는 것이며, 환경에 따라서 인간은 전적으로 다른 존재가 될 수 있기 때문입니다.

예전에 인도의 어느 마을에서 늑대 소년이 발견되었습니다. 이 소년은 늑대 울음소리를 냈고, 늑대와 같이 네 발로 기어 다녔습니다. 이는 인간에게 미래개방성 또는 세계개방성이 있기 때문입니다. 늑대가 인간과 아무리 오래 살아도 두 발로 걷는 일은 아마 없을 것입니다.

　인간이 어떤 존재가 되느냐의 문제는 결정되어 있지 않습니다. 열린 존재로 창조되었다는 사실은 인간 존재의 특수한 성격입니다. 그러므로 인간에게 공부란 사치가 아닙니다. 필요에 따라서 덧붙여질 수 있거나 제해질 수 있는 부가물이 아닙니다. '이것이 있느냐 없느냐, 올바로 되느냐 아니면 왜곡되느냐?'에 따라 '인간이 되느냐, 인간 이하로 전락하느냐?'가 결정되는 것입니다.

가장 좋은 것은
지금 오는 중이다

인간의 개방성은 우리의 생각이나 관습에 영향을 미칩니다. 우리가 가지고 있는 생각이나 관습은 영원히 지속되는 것이 아니라 변하는 것입니다. 우리가 어떤 가치관을 가지고 있다면 그 가치관은 나이에 따라 바뀝니다.

　지금 이 책을 읽고 있는 당신이 35세라고 가정해봅시다. 당신은 10년 전에도 지금과 동일한 생각을 갖고 있었습니까? 그렇지 않았을 것입니다. 10년 후 당신은 또 다른 생각을 갖게 될 것입니다. 지금 우리가 가진 생각은 대부분 다른 사람들과의 상호작용을 통해 우리의 생각 속으로 들어오게 된 것입니다.

인간의 모든 생각은 인생의 발전 단계에서 후천적으로 들어온 것입니다. 따라서 이전에 우연히 내 안에 들어온 생각에 대해 새로운 기회를 통해 능동적으로 재검토할 수 있어야 합니다. 인간은 미래에 대해 개방적인 존재이기에 자신의 생각을 검토하는 일을 게을리하지 않을 때 가장 인간다운 모습을 보이며, 인간성을 실현해 나갈 수 있습니다.

인간의 세계개방성은 '희망'의 인간관을 갖게 합니다. 인간 삶에 있어서 가장 좋은 것은 아직 오지 않았다는 희망입니다. 가장 좋은 것은 지금 오고 있는 중입니다. 그것을 바라보고 기대하는 사람에게 가장 좋은 삶의 현실이 지금도 성큼성큼 다가오고 있는 것입니다.

우리가 공부를 할 때 그 유익은 '인간화'에 있습니다. 우리는 공부를 함으로써 인간이 됩니다. 단지 더 유식하게 되기 위해서가 아니라 비인간화되지 않기 위해서 책을 읽습니다. 책을 읽을 때 우리는 자신을 실현하게 됩니다. 모든 인간은 잠재성을 갖고 있습니다. 인간에게 잠재성이 있다는 것은 실현되어야 하는 그 무엇이 인간 안에 있다는 것입니다. 우리가 책을 읽고 정보를 습득하는 것은 우리의 숨겨진 가능성을 실현하기 위함입니다.

모든 인간에게 가능성이 있다는 것은 인간 안에 창조적 불만이 있다는 사실을 통해서 드러나며 증명될 수 있습니다. 가능성은 있으나 현실화되지 못할 때 나타나는 현상이 있는데 바로 '불만'입니다. 가능성이 전혀 없는 사람은 불만스러워하지 않습니다. 누가 불만스러워할까요? 가능성은 있으나 그것을 실현할 아무런 방법을 갖지 못하는 사람이 불만을 표출합니다.

전적으로 무능한 사람에게는 전혀 불만이 없습니다. 자신 안에 아무런 잠재성이 없는 사람은 성취와 실현을 기대하며 불만스러워하지 않습니다. 아무런 내용물이 없는 냉장고에서는 악취가 나지 않습니다. 반면 냉장고 안에 내용물이 있는데, 음식이 되기 위해 사용되지 않을 때 재료가 부패하고 악취가 나는 것입니다. 인간에게 불만이 있다는 것은 아직 실현되지 않은 가능성이 잠자고 있음을 의미하는 것입니다.

불만에는 건설적 기능이 있습니다. 모든 불만이 다 건설적이거나 좋은 것은 아닙니다. 어떤 불만은 파괴적이지만, 어떤 불만은 건설적입니다. 인간의 역사는 건설적 불만을 가진 사람들에 의해 날로 새로워졌습니다.

예전에 스티븐슨이라는 사람이 있었습니다. 그는 추운 겨울날 마차를 타기 위해 열심히 달려갔는데 마차에 빈자리가 없어서 탈 수가 없었습니다. 어쩔 수 없이 다음 마차가 올 때까지 두세 시간을 추위에 떨어야 했습니다. 말이 차(수레)를 끌기 때문에 소수의 사람만이 탑승해야 하는 사실이 그에게는 대단히 불만스러웠습니다.

스티븐슨은 다음 마차를 기다리면서 생각했습니다. '사람이 타는 수레를 왜 말만 끌어야 하지? 더 힘센 동력을 가진 어떤 것이 끌면 안 될까?' 이런 생각을 하면서 그는 불만을 품었습니다. 후에 그는 증기기관을 사용해 증기기관차를 만들었습니다. 그의 건설적 불만이 실현된 것입니다.

라이트 형제도 하늘을 나는 새를 보면서 불만스러워했습니다. '왜 새들만 날아야 하지? 인간은 정말 날 수 없을까?' 이런 불만을 가진 후 그들이 만든 것은 비행기였습니다. 그들은 자신의 불만을 창조적이고 건설적인 방향으로 활용해 새로운 운송 수단을 고안한 것입니다.

뛰어난 사람은 자신의 불만을 건설적으로 시정(是正)하는 사람입니다. 좋은 선생님은 학생 시절에 가졌던 불만을 자신이 교사가 되어 시정하는 선생님입니다. 좋은 부모는 자녀 시절에 가졌던 불만을 자신이 부모가 되어 시정하는 사람입니다. 좋은 시어머니는 며느리 시절에 자신이 가졌던 불만을 시어머니가 되어 시정하는 사람입니다.

오늘의 무능한 지도자는 어제의 불평 많은 반항자임을 우리는 잊지 말아야 합니다. 우리는 오늘 우리의 불만을 건설적으로 시정하기 위한 노력을 아끼지 말아야 합니다. 인류의 역사는 이렇게 건설적인 불만을 가진 사람들에 의해서 날로 새로워지고 있습니다.

모든 인간 안에는 잠재적인 가능성이 잠자고 있습니다. 책을 통해 여러 자료들을 받아들임으로써 우리는 불만을 극복하고 가능성을 현실화하는 길을 얻게 될 것입니다.

만남을 위하여

우리는 독서를 통해 글자를 읽습니다. 글자를 통해 글자를 창조한 정신들과 만납니다. 물론 글자는 기호에 불과합니다. 만남에서 중요한 것은 기호를 읽는 능력입니다.

기호 해독의 능력은 곧 해석의 능력입니다. 인생의 능력은 해석의 능력입니다. 음성의 기호이든 문자의 기호이든 무언(無言)의 기호이든 우리는 기호 해석의 능력을 배양해야 합니다. 우리가 해석의 능력을 갖추고 있다면 모든 문자는 생기를 얻게 되면서 한숨 소리로 다가오고, 기쁨의 탄성으로 다가오며, 때로는 절망의 눈물로, 때로는 희망의 메아리로 다가옵니다.

이러한 해석의 능력을 갖춘 사람은 풍성한 세계를 살아갑니다. 그 사람의 창고는 가득 차 있으며, 그는 많은 것을 유통합니다. 그 사람이 입을 열면 다른 사람은 귀를 기울입니다. 오늘도 우리는 인생의 풍성한 해석자를 찾아 헤매고 있습니다. 그 풍성한 해석자를 우리는 책 속에서 만납니다.

우리가 독서하고 자료를 습득하는 것은 만남을 위해서입니다. 우리는 독서를 통해 위대한 정신과 만나게 됩니다. 위대한 만남을 위해 우리는 책을 읽습니다. 일상적 삶을 살아가는 동안 우리의 교제 범위는 제한되기 쉽습니다. 대개 만나는 사람들과 만나게 됩니다. 학교를 졸업하게 되면 새로운 친구를 사귀기도 어렵게 됩니다.

공부는 우리의 교제 범위를 넓혀줍니다. 공부한다는 것은 우주의 구성원을 하나라도 더 알아간다는 것을 뜻합니다. 우리가 공부하지 않으면 생활하는 가운데 그저 아는 사람을 알다가, 쓰던 물건을 쓰다가 죽는 것입니다. 그러나 공부하는 과정에 들어갈 때 우리는 교제 범위를 넓힐 수 있습니다.

우리가 공부하게 될 때 우리의 응접실은 엄청나게 넓어집니다. 책을 통해 사람 만나는 법을 배우게 될 때 우리는 동시대인이 아닌 사람과도 대화를 나눌 수 있습니다. 다른 언어를 습득한다면 우리는 언어권이 다른 사람과도 대화를 나눌 수 있습니다.

인생의 질은 만남의 질에 의해 결정됩니다. 오늘 나의 모습은 오늘까지 내가 쌓아왔던 만남의 결과입니다. 내가 누구인가를 알 수 있는 좋은 방법은 내가 어떤 사람들을 만나왔으며, 지금 어떤 사람들을 만나고 있는가를 살피는 것입니다. 여기에 우리의 행복관이 있습니다.

행복은 만남과 교류에 있습니다! 생각이 교류되건 마음이 교류되건 간에 교류가 있을 때 행복이 있습니다. 우리는 인생의 교제 범위를 넓히는 데 많은 투자를 해야 합니다. 인생의 좋은 것들은 대부분 '만남'과 '관계'를 통해서 들어옵니다.

뒤집어 말하자면 불행은 단절에 있습니다. 불행한 가정에는 사람들 사이의 단절이 있습니다. 부부 사이에 단절이 있고 형제자매 사이에 단절이 있습니다. 불행한 사람들에게는 공통적인 특징이 있는데, 혼자 살아간다는 것입니다. 여기서 혼자 산다는 것은 자취한다는 뜻이 아닙니다. 고립 가운데 살아간다는 것입니다.

불행한 사람들은 함께 식사를 해도 고립 가운데 음식을 먹습니다. 질문을 해도 혼자 하고, 해답을 내려도 혼자 합니다. 애석하게도 그들은 채점할 때도 혼자 합니다. 혼자만의 동굴 속에서 사는 사람은 불행한 사람입니다. 대화를 하긴 하지만 혼자 고민하며 혼자 생각합니다. 내 고민을 다른 사람이 알지 못하고, 나도 다른 사람의 고민에 대해 아무런 관심이 없습니다.

행복한 사람은 어떤 집단에서든지 교류의 기쁨을 알고 있습니다. 학생들에게 종종 이런 말을 하는데, 누가 행복한 사람인지에 대해 생각해봤으면 합니다.

> "여러분, 누가 우리 학교에서 제일 행복한 사람입니까? 제일 행복한 사람은 가장 직위가 높은 사람이 아닙니다. 불행한 사람은 이 학교에서 제일 직위가 낮은 사람이 아닙니다. 인생이란 그러한 것이 아닙니다.
>
> 이 학교의 울타리 안에서 제일 행복한 사람은 인사할

수 있는 대상이 제일 많은 사람입니다. 선생님을 만나도 인사할 대상이 있고, 학생들을 만나도 반갑게 인사할 수 있으며, 직원들을 볼 때도 서로 안부를 물을 수 있는 사람이 행복한 사람입니다.

여기를 가도 낯선 사람이요, 저기를 가도 낯선 자리일 때 그는 이곳에서 행복을 체험할 수 없습니다. 이 자리에 앉아도 남이요, 저기 가서 줄을 서도 남일 때 그는 수업이 끝나면 바로 집으로 향할 수밖에 없습니다. 행복한 사람은 교제 범위가 넓은 사람입니다. 행복의 범위는 인사의 범위입니다."

스승과 제자

우리는 인생의 형성기에 있을 때 좋은 만남을 많이 가져야 합니다. 어느 곳에 있든지 좋은 스승과 좋은 제자를 찾아야 합니다. 일상적 삶과 같은 직접적인 관계 속에서 좋은 스승을 만나야 하며, 글이나 말과 같은 간접적인 관계 속에서도 좋은 스승을 만날 수 있어야 합니다.

사상사(思想史)를 배우고 가르치는 가운데 중요한 사실을 깨달았습니다. 그들에게는 스승과 제자가 있다는 사실입니다. 그들은 모두 태어난 장소도 다르고, 활동했던 시간도 다른 사람들입니다. 그럼에도 불구하고 공통된 특징이 있는데, 모두 스승과 제자가 있었습니다.

왜 스승이 있어야 했을까요? 만일 그들에게 스승이 없었다면 그들은 많은 지식을 쌓지 못했을 것입니다. 그처럼 위대하게 되지도 못했을 것입니다. 왜 제자가 있어야 했을까요? 만일 그들에게 제자가 없었다면 그들은 지금의 우리에게 알려지지 못했을 것입니다. 어떤 사람들은 동시대에 알려지지 못하고 후대에 가서야 빛을 보는 경우도 있습니다. 왜 그럴까요? 후대가 되어서야 그들의 제자가 나왔기 때문입니다.

우리나라에도 훌륭한 사상을 가진 분들이 많이 있을 것입니다. 그들이 우리에게 알려지지 않은 이유는 그들이 모자라기 때문이 아닙니다. 그들에게 제자가 없었기 때문입니다. 지금 우리 주변에도 탁월한 착상을 가진 사람들이 있음에도 불구하고 제자가 없기 때문에 그저 사장(死藏)되는 사람들이 많이 있을 것입니다.

책을 통한 교제 범위의 확장을 논하는 가운데 전기의 중요성을 강조하고 싶습니다. 전기(傳記)란 사람들의 이야기입니다. 우리는 사람들의 이야기를 많이 읽어야 합니다. 사람들은 새로운 사업을 하거나 새로운 학업을 시작할 때 다른 사람들의 조언을 구합니다. 이는 매우 현명한 방법입니다. 집을 사거나 학교에 원서를 낼 때 먼저 그 길을 걸었던 사람들로부터 조언을 듣는 것은 매우 좋은 일입니다.

우리는 인생 전체의 방향을 설정할 때 다른 사람들과 상의하지 않고 혼자 결정하는 경향이 있습니다. 인생의 어떤 일부분에 관한 것을 정할 때는 그토록 현명하던 우리가 인생 전체의 방향을 결정하는 가장 중요한 일에 대해서는 별로 지혜롭지 못한 것입니다.

어떤 인물이 위대한 업적을 이루어낸 것을 볼 때 우리는 최종 성과에 대해서만 관심을 갖기 쉽습니다. 그런데 자서전이나 전기를 보면 인생의 과정에 대해 더 잘 알 수 있습니다. 우리에게 필요한 것은 과정에 대한 상세한 지식입니다.

출발은 누구에게나 들떠 있는 시간입니다. 마지막은 언제나 영광의 순간입니다. 그러나 과정은 고통과 좌절의 시간입니다. 성공한 사람은 과정의 난관을 슬기롭게 극복한 사람입니다. 자동차 왕으로 불리는 포드에게 누군가 물었습니다. "어떻게 하면 성공할 수 있습니까?" 포드의 대답은 의외로 간결했습니다.

"시작한 일이 있으신가요? 그 일을 끝까지 밀고 나가십시오. 시작한 일을 끝내면 당신은 성공할 것입니다."

전기는 성공한 사람이 자신의 업적을 만들어내기 위해서 어떤 자기부인(自己否認), 극기, 절제의 과정을 겪었는가를 우리에게 가르쳐줍니다. 성공을 향한 그 고독의 과정에서 겪었던 번민에 대해 가르쳐줍니다. 우리가 전기에서 주목해야 할 것은 바로 그 과정입니다.

언어를 습득하기
위하여

우리가 정보를 습득하고 지식을 연마하며 공부하는 것은
언어를 배우기 위해서입니다. 인간의 삶에서 언어의 중요성
은 아무리 강조해도 지나침이 없습니다. 학습과 인생의 여
정에서 언어를 새롭게 이해하게 되는 것은 배움의 여정에
서 전환점이 됩니다. 언어란 무엇일까요? 언어란 소리와 문
자 가운데 누군가의 탁월한 경험과 깨달음과 꿈이 담겨 있

는 것입니다.

언어는 우리의 삶에 중요한 양식이 됩니다. 우리의 육신이 음식을 먹고 자라듯이 우리의 정신은 언어를 먹고 자랍니다. 우리가 섭취한 언어의 양식은 우리의 자아상에 큰 영향을 미칩니다. 무엇을 하든지 건강한 자아상을 갖는 것이 중요합니다. 그런데 자아상이 지나치게 낮은 상태에 머물게 되면 열등감에 빠지게 됩니다. 열등감이란 낮은 자아상의 문제이기 때문입니다. 그런데 우리는 왜 낮은 자아상을 갖게 될까요? 그 이유는 좋은 언어를 많이 섭취하지 못했기 때문입니다.

주변에 있는 사람들에게 존중받는 언어를 듣지 못하고 오히려 무시당하는 언어를 듣고 자란다면 우리는 열등감에 사로잡힌 존재가 될 수밖에 없습니다. 나를 인정해주고, 나의 가능성을 인정해주는 언어를 섭취하게 될 때 우리는 자존감을 가진 존재로 양육될 수 있습니다.

이것은 주변의 책임만은 아닙니다. 우리 스스로도 좋은 언어를 섭취하려는 노력을 지속적으로 해야 합니다. 나쁜 언어를 전혀 접하지 않는 것은 불가능할 것입니다. 대신 나쁜 언어들이 내게 오래 머물지 않도록 조심해야 합니다.

상당수의 사람들은 언어를 대할 때 좋지 않은 습관을 갖고 있습니다. 자신을 존중하는 언어에 대해 건성으로 대하는 반면, 자신을 무시하는 언어에 대해서는 심각하게 대합니다. 누가 나에 대해서 좋지 않은 말을 했을 경우 그 말을 쉽게 잊지 못합니다. 자신에 대한 험담을 들으면 우리는 지나칠 정도로 예민하고 심각하게 반응합니다. 험담을 들은 날에는 집에 돌아가서 밤에 자지도 않고, 그 말을 본문으로 놓고 묵상의 시간을 갖기도 합니다. 그런 태도는 좋은 언어들은 그냥 스치듯 사라져버리고, 나쁜 언어들은 오래도록 내 안에 머물게 합니다.

그러면 어떤 일이 일어날까요? 자아(自我)라는 그릇이 견디지 못하게 됩니다. 시간이 흐를수록 마음은 냉담해지고 얼굴은 어두워집니다. 자존감이 상실되며, 열등감이 더해지는 것은 피할 수 없는 결과입니다. 이것은 좋은 습관이 아닙니다. 우리는 안 좋은 언어가 내 안에 오래 머물도록 해서는 안 됩니다.

그러면 어떻게 해야 할까요? 내 안에 있는 냉담과 어둠을 어떻게 처리할 수 있을까요? '나는 좋은 사람이야! 나는 소중한 존재야!' 하고 홀로 결심해봐야 결과가 신통치 않습니다.

왜 혼자만의 결심으로 문제를 해결할 수 없을까요? 스스로 결심하고 문제를 해결하겠다는 생각은 비유컨대 구정물로 설거지를 하는 것과 같습니다. 물론 좋은 깨달음이 내 안에서 일어날 수도 있습니다. 하지만 오래도록 내 안에서 응고된 찌꺼기는 그릇의 일부분이 되고 맙니다. 깨끗한 물이 들어온다고 해도 어느새 찌꺼기와 섞이는 가운데 구정물이 된다는 것입니다.

이제 문제를 어떻게 해결해야 할까요? 나쁜 언어로 인해 손상된 자존감을 회복하는 방법이 있을까요? 물론 나쁜 언어를 전혀 접하지 않을 수 있다면 좋을 것입니다. 가능만 하다면 나쁜 방법은 아닙니다.

하지만 그 방법은 거의 불가능합니다. 현실적인 대안도 되지 못합니다. 마음에 들지 않는 것을 보고 듣는 것은 우리가 시각과 청각을 가진 존재로 살아가는 것에 대한 대가로 치르는 것이기 때문입니다. 기분 나쁜 이야기를 전혀 듣고 싶지 않다면 빨리 무덤에 가는 길 이외에 무슨 대안이 있겠습니까? 청각 기능이 소멸되거나 마비되는 길 외에 다른 방법이 없을 것입니다.

우리는 인생의 실상을 인정하는 가운데 현실적인 대안을 찾아야 합니다. 현실적인 대안이란 나쁜 말들을 이기는 좋은 말들을 더욱 많이, 더욱 뜨겁게 섭취하는 것입니다. 우리는 안 좋은 이야기를 들었기 때문에 기분이 나쁜 것만은 아닙니다. 우리가 들은 나쁜 말들이 자신이 들은 말의 전부를 차지하기 때문입니다. 기분이 우울한 것은 나쁜 말을 들은 시점과 현재 사이에 인상적인 사건이 없었기 때문입니다.

사람은 기억력이 뛰어난 존재가 아닙니다. 상당수의 지식에 대해 쉽게 잊어버립니다. 따라서 어떤 것을 기억하려면 적지 않은 노력을 기울여야 합니다. 어떤 것을 기억하려면 그 내용에 대해서 지속적으로 생각해야 하며, 시간이 날 때마다 다른 사람에게 언급해야 합니다.

자신에 관한 험담을 쉽게 잊거나 지울 수 없는 것도 이와 비슷한 원리입니다. 스스로 지우려고 애쓰다가 더 자주, 더 많이 생각하기 때문입니다. 우리 안에 있는 부정적인 언어를 지우는 길은 정신의 배설 원리를 따르는 것입니다.

정신의 배설은 육신의 배설과 원리가 다릅니다. 육신의 배설은 화장실에 가서 배설행위를 함으로써 이루어질 수 있습니다. 하지만 정신의 배설은 따로 하는 것이 아닙니다.

오늘 내게 다가오는 좋은 언어에 뜨겁게 몰입하게 될 때 과거에 나를 사로잡았던 언어로부터 자유로워질 수 있습니다. 그러므로 오늘 좋은 언어를 공급받는 것이 중요합니다.

내 안에 나쁜 것들을 제하는 것은 컵 안에 담긴 공기를 제거하는 것과 비슷합니다. 우리는 공기를 빼냄으로써 컵을 진공 상태로 만들 수는 없습니다. 또 새로운 공기가 컵 안에 들어올 테니까요. 하지만 우리는 컵 안에 새로운 용액을 주입함으로써 그 공기의 자리를 밀어낼 수 있습니다. 부정적인 언어를 지우는 것도 마찬가지입니다. 좋은 언어를 더욱 강력하게 섭취함으로써 우리는 이전의 안 좋은 언어로부터 자유로워질 수 있습니다.

책을 읽고 강의를 들으며 행복을 느낀다면 새로운 가능성이 열릴 수 있습니다. 좋은 책을 읽는 시간과 좋은 강의를 접하는 시간은 단순히 지적인 학습의 시간만은 아닙니다. 이 시간은 나의 부정적 과거와 환경의 독성이 빠지는 해독(解毒)의 시간이기도 합니다. 이전의 잘못된 언어에 매어 있던 나의 존재가 풀어지는 해방을 경험하는 시간입니다.

저의 관심 가운데 하나는 상심 가운데 있는 사람들을 격려하며 힘을 북돋우는 것입니다. 학교에서 학생들을 가르칠 때 종종 학생들의 얼굴을 봅니다. 그런데 강의실로 들어오는 학생들의 표정에는 기쁨이 없습니다. 그들은 대개 무표정한 모습입니다. 그런 모습을 볼 때 저는 강의 목표에 대해 생각해보며, 종종 그런 생각을 직접 표현하기도 합니다.

"저도 대학을 다녔습니다. 그런데 대학 시절에 배운 것 가운데 기억하는 것은 별로 없습니다. 몇 달이 지나지 않아 다 잊어버렸습니다. 그나마 기억했던 것들도 졸업할 때 다 반납하고 나왔습니다. 여러분이 수업 내용을 영원토록 기억할 것이라고 저는 기대하지 않습니다. 저는 단편적 지식 전달에 큰 소망을 두지 않습니다. 다만 우리가 한 시간 동안 함께 고민하고 함께 이야기하며 함께 느끼는 것을 통해서 여러분의 표정이 밝아질 수 있다면, 여러분이 수업 후에 저 문 바깥으로 나갈 때 여러분의 얼굴이 환하게 펴질 수 있다면, 저는 이 강의를 성공이라고 표현하겠습니다."

상심과 고민을 이기는 좋은 방법은 나쁜 언어를 이기는 좋은 언어를 더 많이, 더 뜨겁게 섭취하는 것입니다. 이 글을 통해서도 독자들이 격려받을 수 있기를 바랍니다. '단편적 지식의 수용'보다 더 중요한 것은 '존재의 강화(强化)'입니다. 사람은 누구나 격려와 칭찬을 받을 때 발전하고 지속적으로 성장해 나간다는 것을 저는 관찰과 경험을 통해 잘 알고 있습니다.

언어의 세계, 존재의 세계

언어가 중요한 것은 언어가 '존재'와 '경험'의 그릇 역할을 하기 때문입니다. 우리가 좋은 경험을 할지라도 그 경험이 우리 안에 남는 것은 아닙니다. 그 경험들을 어떤 그릇 안에 담아두어야만 보존할 수 있습니다. 만일 우리에게 언어의 그릇이 없다면, 우리는 우리 안에서 일어나는 좋은 착상들을 길어 올릴 수 없으며 보존할 수도 없을 것입니다.

　학교에서 수업을 할 때나 개인적으로 학생들을 만날 때가 있습니다. 대부분의 학생들은 매우 창의적이며 좋은 생각들을 갖고 있습니다. 수업 시간에 학생들의 발표를 들어보면 그들이 신선한 관점과 견해를 갖고 있음을 알게 됩니다. 물론 그들의 사고나 견해는 아직 새싹의 형태이지만 기본 방향은 매우 창의적입니다.

그런데 재미있는 현상이 있습니다. 좋은 생각을 가지고 있는 대부분의 학생들은 자주 더듬거립니다. 그들은 유창하게 발표하지 못하며, 그런 자신에 대해 쑥스러워합니다.

좋은 생각을 가진 학생들이 더듬거리는 이유는 무엇일까요? 그들의 언어가 그들의 생각을 따라가지 못하기 때문입니다. 그들은 매우 좋은 생각을 가지고 있습니다. 하지만 그들의 언어는 그 탁월한 생각을 퍼내지 못합니다.

비유를 들어 설명하면, 그들 안에 존재하는 사고의 우물은 신통치 못한 언어의 두레박으로 인해 제대로 퍼 올려지지 못하고 있다고 할 수 있습니다. 많은 사람들은 개성적이며 창의적인 생각을 가지고 있습니다. 그들의 존재 자체가 개성적이기에 그들의 생각은 창의적일 수밖에 없습니다. 존재의 세계는 개성의 세계이기에 사고의 세계 역시 개성의 세계입니다. 하지만 그들의 언어의 두레박은 문제가 있어서 그들의 사고 세계는 마치 두레박을 발견하지 못한 우물과 같습니다. 그들이 올바른 언어만 습득한다면 놀라운 사색의 결과들을 퍼 올릴 것입니다.

더듬거리는 것은 좋은 일입니다. 더듬거린다는 것은 언어가 생각을 따라가지 못함을 의미하기 때문입니다. 더듬거리는 사람을 비웃는 것은 바람직하지 않습니다. 그들을 비웃는 사람들 가운데는 아직 더듬거릴 만한 단계가 안 되는 사람들도 있습니다. 더듬거리는 사람에게 부족한 것은 언어일 뿐입니다. 이제 그에게 언어만 있으면 탁월한 사상을 퍼 올릴 수 있을 것입니다.

　외국에 공부하러 간 사람들도 이와 비슷한 경험을 합니다. 그들은 말을 제대로 못하기 때문에 이미 들어 있는 생각을 표현하지 못합니다. 게다가 문법에 의존한 한국의 전통적 영어 교육을 받은 터라 관사, 복수, 시제를 따지다 보면 해야 할 말을 다 잊어버리게 됩니다.

　그들은 한국에서 많이 공부했기 때문에 이미 아는 것이 많습니다. 하지만 그곳에서 공부하다 보면 문제를 겪게 됩니다. 언어가 따라가지 못하므로 자신의 생각을 제대로 표현하지 못하는 것입니다. 그 나라의 언어를 잘 못하니까 언어가 사고를 제한한다는 것을 깨닫게 됩니다.

　언어가 제한하는 것은 사고(思考)만이 아닙니다. 언어는 존재도 제한합니다. 외국에서 그렇게 몇 개월을 지내다 보면 '나는 바보인 모양이다'라고 생각하게 됩니다. 결국 의기소침하게 생활하다가 외국인을 피해 다니게 됩니다. 언어의 한계는 우리의 존재를 제한하고 위축시킬 수도 있다는 것입니다.

언어의 세계가 열릴 때 막혔던 존재의 세계도 열립니다. 언어란 우리의 무한한 보고(寶庫)를 퍼낼 수 있는 두레박 역할을 합니다. 언어의 두레박을 구비할 때 우리는 우리 안에 감춰진 보물들을 끄집어낼 수 있습니다. 우리는 언어의 두레박을 통해 내 안에 있는 보화를 발굴하기 위해 공부하는 것입니다.

언어의 중요성에 대해 인상적인 글이 있어 소개합니다.

"이 세상에는 열대의 태양처럼 밝은 말이 있는가 하면, 음침한 날의 분위기처럼 어두운 말도 있다. 권투 선수의 펀치처럼 강한 말이 있는가 하면, 찻봉지를 단 한 번 담궈서 만든 차와 같은 연한 말도 있다. 사람들을 위로하는 베개같이 부드러운 말이 있는가 하면, 사람들을 위협하는 철같이 날카로운 말도 있다. 어떤 말들은 사람들로 하여금 단 한순간에 하나님께로 가까이 인도하기도 하고, 또 어떤 말들은 사람들을 도랑 속으로 처박기도 한다. 우리는 말에 의해 살아가고, 말로써 사랑하며, 말을 가지고 기도하고, 말에 목말라 하며 죽어간다."

우리는 공부하기를 통해 새로운 언어를 배우며 새 일을 펼쳐낼 수 있습니다. 새로운 언어는 우리 안의 새로운 가능성을 열어줄 것이며, 우리가 새로운 역사를 일으키는 데 도움을 줄 것입니다. 조셉 콘라드(Joseph Conrad)가 다음과 같이 말했을 때 그의 말은 결코 과장이 아니었습니다.

"내게 적합한 말과 적합한 표현 방식을 달라. 내가 이 세계를 움직이겠다."

사실을
인정하는 능력

공부할 때 우리는 감정과 경험의 주관을 넘어서 사실을 인정하는 능력을 기르게 됩니다. 언제부턴가 사실이 무엇인지 하나라도 더 알고 세상을 떠날 수 있으면 행복하겠다는 생각을 하게 되었습니다. 제가 무언가를 반드시 잘하거나 더 많이 인정받는 사람이 되는 것을 넘어서 사실을 하나라도 더 많이 알고 싶습니다. 인생은 사실만 잘 따라다녀도 길이 열린다는 것을 알게 되었기 때문입니다.

이러한 깨달음은 사실을 인정하는 것을 삶의 목표로 설정하게 합니다. 공부하는 습관을 통해 우리는 사실을 인정하는 능력을 기르게 됩니다. 공부하는 습관을 들이게 되면 자연스럽게 행복한 사람이 되거나 성공하는 데 도움이 됩니다. 반면 행복이나 성공을 목표로 삼으면 오히려 불행하거나 실패하기가 쉽습니다. 우리의 마음이 조급해지면서 자주 짜증을 내거나 절망하게 됩니다.

우리는 어린 시절부터 공부하라는 이야기를 들으면서 자랍니다. 입학시험을 목적으로 공부하라는 이야기를 귀에 못이 박히도록 들으며 자란 사람들에게 공부한다는 것은 그리 유쾌한 일이 아닙니다. 지긋지긋한 공부를 그만두는 날이 있으면 좋겠다고 생각해본 적도 있을 것입니다.

예전에 독서에 관한 특강을 한 적 있었습니다. 학부형 한 분이 손을 들고 질문을 하셨습니다. "선생님, 왜 공부해야 하는지 한마디로 말씀해주실 수 있나요?" 한마디로 말해달라는 부탁처럼 어려운 것이 없습니다. 저는 이렇게 대답했습니다.

"공부를 하지 않으면 저주를 받거든요."

어떤 저주를 받을까요? 공부를 하지 않으면 빈곤한 삶이라는 저주를 받게 됩니다. 공부를 하게 되면 우주의 구성원들을 더 많이 알게 되고, 더 큰 도움을 받게 됩니다.

공부란 우주의 구성원을 하나라도 더 알아가면서 사실을 인정하는 능력을 기르는 것입니다. 사실이란 무엇일까요? 사실이란 나의 주관적 느낌이나 소원(所願)에 관계없이 독립적으로 존재하는 것들입니다.

사실을 판별하는 쉬운 방법이 있는데, 그것은 소원을 부정적으로 활용하는 것입니다. 내 삶의 자리에서 내 마음에 들지 않는 것들을 생각해봅시다. 그것들이 사라졌으면 좋겠다고 소원을 가져봅시다. 일정 기간 후에 그것들이 사라졌는가를 보았는데, 계속 그 자리에 남아 있다면 그것은 대체로 사실인 경우가 많았습니다.

우리를 수렁으로 빠지게 하는 것은 오류와 거짓만이 아닙니다. 나만의 주관에 빠지게 될 때 우리는 사실을 외면하게 되며, 그 결과 지속적인 실패에 노출됩니다. 사실을 인정하지 못할 때 우리는 열심과 열정을 다했는데도 더 깊이 실패의 늪에 빠지게 됩니다. 내 주관적 느낌과 경험은 분명 소중합니다. 하지만 객관적 사실은 그보다 훨씬 더 중요합니다.

그러므로 우리는 공부하기를 통해 사실을 인정하는 능력을 지속적으로 길러야 합니다.

공부하기를 통해 사실을 인정하는 노력을 기울인다면 더 좋은 결과가 생길 수 있습니다. 생의 목적을 공부하는 것으로 바꾸면 늘 배울 수 있는 기회가 주어집니다. 우리는 늘 행복할 수 있을까요? 아닐 것입니다. 늘 성공할 수 있을까요? 그것도 아닐 것입니다. 하지만 우리는 자신에게 어떤 일들이 일어나고 있는가에 대해서 새롭게 배울 수 있습니다. 우리가 실패했을 때도 왜 성공하지 못했는가에 대한 이유를 배울 수 있습니다. 성공의 순간은 기쁨을 주지만, 실패의 순간은 배움을 줍니다.

에디슨은 어떤 실험에서 수백 번 이상 실패했다고 합니다. 그때 사람들이 물었습니다. "어떻게 그렇게 실패를 하면서도 계속 실험에 몰두하시나요?" 그는 이렇게 답했습니다. "실패했다고요? 아닙니다. 저는 지금까지 실험이 성공하지 않는 500가지 이유를 배우게 되었습니다."

공부하기를 통해 사실을 인정하는 능력을 기르게 되면 우리는 실패와 불행 중에도 한 가지를 더 배우게 됩니다. 그렇게 배우기를 반복하다 보면 실패하는 이유를 알게 되고, 실패의 길을 피하다 보면 성공의 길에 가까이 다가갈 수 있게 됩니다. 공부하고 배우는 것이 우회적인 경로를 통해 성공의 길에 다가가는 통로가 되는 것입니다. 직접적으로 추구했을 때 나를 외면했던 성공이 배움과 공부의 여정 가운데 다시 나를 찾아오게 됩니다.

예전에 한 독자로부터 메일을 받은 적이 있습니다. 그의 어려움에 대해서 대답해줄 능력이 없었기에 저는 답장을 보내고 싶지 않았습니다. 하지만 그는 메일의 끝에 아무 말이라도 좋으니 한마디만 해달라는 말을 썼습니다. 그 말에 차마 외면할 수 없어서 제가 쓴 답장이 있습니다.

"요즘은 어려움을 겪고 있는 분들의 이야기를 자주 듣게 되어 저도 마음이 참 무겁습니다. 사실 어느 누구의 인생인들 어렵지 않겠습니까? 누군가의 표현대로, 인생이 눈물과 한숨 없이 지낸 날들이 몇 날이나 되는지 묻고 싶을 정도입니다. 답장을 하기에 참 망설여졌습니다. 메일 끝에 그냥 아무 말이라도 해달라는 요청이 없었다면 메일을 쓰기도 어려웠을 것입니다.

제가 인생의 어려움 속에서 배운 것이 하나 있다면,

나의 문제를 해결할 능력이나 내게 찾아오는 자극을 바꿀 능력이 내게 없음을 인정해야 한다는 것입니다. 지금 처한 상황이 참 마음 아프지만, 일단 사실을 인정하는 마음을 갖도록 합시다. 앞으로 결혼한 이후에도, 또 자녀를 낳은 이후에도 이것을 받아들여야 할 때가 자주 있을 수 있으므로 지금부터 연습해야 할런지 모릅니다.

내가 바꿀 수 있는 것이 혹 있다면 그것은 내게 주어진 자극에 대한 나의 반응일 뿐이지, 내가 자극을 바꿀 수 있는 사람은 아니라는 사실을 지속해서 깨닫는 것이 중요합니다. 내가 바꿀 수 있는 것은 오직 나의 반응뿐이므로 내가 더 나은 반응을 하는 사람이 되는 데 노력을 경주하면 좋겠습니다.

어떤 반응이 더 나은 반응이냐고 혹 물으신다면, 글쎄요. 지금 일어나고 있는 일들에 대해서 무엇이 사실인지를 이해하도록 시도하는 것을 추천하고 싶습니다.

제가 요즘 더 좋아하게 된 문장이 있습니다. '이 세상에 두려워할 것이나 비난해야 할 것이 있기보다는 이해되어야 할 것들이 많다'는 것입니다. 제 경우에는 지금 저곳에서 어떤 일이 일어나고 있는지, 내 안에서는 또 어떤 과정을 통해서 어떤 감정이 일어나는지 등에 대해서 더 잘 관찰하고, 관조하는 사람이 되려고 노력하고 있습니다. 그것이 작은 문제를 크게 확대하지 않거나 나중에 더 큰 문제를 예방하는 데 도움이 되었습니다.

그리고 한 가지 더 도움 말씀을 드린다면, 인생을 너무 진지하게 바라보지 말고 때로는 게임처럼 생각하면 좋겠다는 것입니다. 인생을 영위하는 가운데 우리는 자주 관계와 사업에서 실점을 하게 됩니다. 그때 실점을 없애려고 너무 과도한 집착을 하지 않았으면 좋겠습니다. 우리는 실점을 지울 수 없습니다. 실점을 혹 지울 수 있다면 그것은 지우개로 지우는 것이 아니라 득점으로 지워야 합니다. 사실 우리의 삶이 아픈 이유는 실점이 있기보다는 그것을 상쇄하고 압도할 만한 득점의 계기가 모자람이 아닌가 합니다.

득점할 수 있는 좋은 기회를 열어달라고 간구하는 것도 꼭 추천하고 싶습니다. 진정한 능력은 실점을 하지 않는 것이 아니라 실점을 안고도 계속 게임에 참여하

는 능력임을 잊지 않았으면 좋겠습니다. 그런 상황에
서도 계속 믿음을 갖고 삶을 영위하는 사람이야말로
인류가 가진 최고의 자산이라고 저는 굳게 믿습니다."

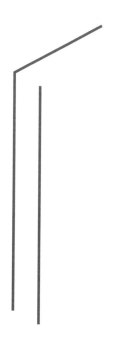

공부는 가장 가혹한
비판이다

마지막으로 '왜 공부하는가?'에 대한 답을 찾아보니 공부하는 것은 자신의 인생에 대해서 가장 가혹한 비판을 가하는 효과를 내기 때문입니다. 공부의 혜택은 그 이전과 그 이후가 달라지도록 만드는 것입니다.

우리는 서로에게 불필요한 비판을 자제하는 것이 좋습니다. 상대방이 잘못한 것을 자주 지적하면 서로의 관계를 상하게 됩니다. 칭찬은 틀려도 맞는 것일 수 있지만, 비난은 맞는 내용이라 할지라도 지겨운 느낌을 줍니다.

기왕 비판을 하려면 가혹한 비판을 해야 합니다. 비판에는 가혹한 비판과 가혹하지 않은 비판이 있습니다. 어떤 것이 가혹하지 않은 비판일까요? 가혹하지 않은 비판이란 그비판 이후에도 상대방이 달라지지 않는 비판을 말합니다. 잘못을 여러 차례 지적했는데도 상대방에게서 변화가 나타나지 않는다면 그것은 가혹한 비판이 아니며, 요란한 비판에 불과합니다.

가혹한 비판이란 상대방의 변화를 야기하는 비판입니다. 가장 가혹한 비판은 상대방에게 새로운 가능성을 소개해주는 비판입니다. 새로운 가능성을 소개받음으로써 이전의 삶으로 돌아가지 못하도록 만든다면 그것은 최고의 비판이 될 것입니다.

공부를 하는 것은 나의 인생에 가장 가혹한 비판을 가하는 통로가 됩니다. 새로운 삶의 가능성을 알게 되고, 그 가능성에 매혹당하게 되면 우리는 더 이상 이전의 삶으로 되돌아가지 못하게 됩니다. 이전까지 내 삶의 방식이 얼마나 초라한 것이었는가를 느끼게 될 때가 있습니다. 그러면 그 방식을 계속 유지하라고 해도 유지하지 못하게 됩니다.

우리가 공부의 여정에 들어서는 것은 나의 이전 인생에 대해 가혹한 비판을 가하기 시작했음을 의미합니다. 나의 이전과 이후 인생 사이에 변화가 생기기 시작하는 것입니다. 공부한다는 것은 변화의 여정에 참여하게 되는 것을 의미합니다.

CHAPTER 2

어떤 대상을
찾아서
공부할까

문자화된 자료,
책을 읽다

1장에서 우리는 왜 공부해야 하는지에 대해 살펴보았습니다. 그렇다면 우리는 어떤 자료를 읽고 공부해야 할까요? 이번 장에서는 우리가 공부해야 할 대상에 대해 알아보려고 합니다.

우리가 공부해야 할 자료는 크게 두 가지로 나눌 수 있습니다. 첫 번째 자료는 문자화된 자료, 다시 말해 글로 표현

된 정보나 자료이고, 두 번째 자료는 문자화되기 이전의 일 상적인 자료들입니다.

먼저 문자화된 자료에 대해 살펴보겠습니다. 문자화된 자 료는 글로 된 자료인데, 비교적 오랫동안 보존할 수 있습니 다. 대표적인 예로 '책'을 들 수 있습니다. 책은 인간의 역사 에서 오랫동안 지식 전달의 매체로서 큰 역할을 해왔으며, 앞으로도 그 역할을 계속 수행할 것입니다. 컴퓨터의 발달 과 더불어 새로운 전달 매체가 등장하고 있지만 내용적인 의미에서 책의 중요성은 사라지지 않을 것입니다.

책은 한 분야의 전문가가 문자를 통해서 자신의 탁월한 경험과 착상을 담아둔 보물창고입니다. 이런 의미에서 책은 단순히 글자만은 아닙니다. 책에는 탁월한 저자들의 다양한 관점이 담겨 있습니다. 책을 읽지 않는다는 것은 단지 독서 량이 부족하다는 데 그치지 않고, 자신의 자아라는 차갑고 어두운 감옥에 갇혀 있음을 의미하는 것입니다.

C. S. 루이스(C. S. Lewis)는 《오독》에서 이렇게 말합니다.

"자기 자신으로만 만족하는 사람, 그리하여 작은 자 아로 만족하는 사람은 감옥에 갇혀 있습니다. 저는 제

눈만으로 충분하지 않고 다른 이들의 눈을 통해서도 볼 것입니다. 많은 이들의 눈을 통해 바라본 현실도 충분하지 않습니다. 그래서 다른 이들이 지어낸 것도 볼 것입니다. 그러나 모든 인류의 눈을 다 모은다 해도 충분하지 않습니다. 짐승들이 책을 쓸 수 없는 것이 애석합니다. 쥐나 벌에게 세상이 어떤 모습으로 다가오는지 알 수만 있다면 저는 기꺼이 배우고 싶습니다."

책과의 만남에는 자아의 닫힌 세계를 열어주는 기적의 열쇠가 있습니다. 책을 읽는 것은 자신 안에 갇히기 쉬운 파멸적 습관에서 해방되는 길입니다. 책을 읽는다는 것은 타인과의 적극적 사귐을 통해 타인의 인생 체험을 자신의 삶 속으로 끌어들이는 능동적인 투자입니다. 책과의 만남이 더해질 때 우리는 자신의 과거와 환경의 예속에서 풀려나는 경험을 하게 됩니다.

그렇다면 책과의 만남에는 어떤 것들이 있을까요? 우리는 모든 사람을 다 동일하게 대하지 않습니다. 모든 사람을 사랑해야 하는 것은 맞지만, 모든 사람을 동일하게 사랑해야 하는 것은 아닙니다. 함께 식사하고 잠자리를 나누는 배우자가 있고, 가정의 테두리 안에 가까운 가족이 있으며, 매일 만나는 직장동료가 있습니다. 가까운 친구들이 있지만, 그저 알고 지내는 사람도 있으며, 지하철에서 우연히 마주치는 사람들도 있습니다. 우리 주위의 사람들에 대한 사랑의 크기는 동일하지 않습니다.

사람들과의 사귐이 이러하듯 책과 같은 자료에 대해서도 애독(愛讀)의 정도가 다릅니다. 책과의 사귐은 세 가지로 나눠볼 수 있습니다.

첫 번째 '연인으로서의 책'입니다. 여기서 연인이란 독점적이며 배타적인 사랑을 나눌 수 있는 대상을 지칭합니다. 늘 내 옆에 가까이 두면서 깊이 있는 대화를 나눌 수 있는 그런 대상이 필요합니다. 한마디로 내 평생의 동반자가 되는 책을 갖는 것이 중요하다는 것입니다. 물론 사람과 달리 한 권일 필요는 없습니다.

두 번째는 '친구로서의 책'입니다. 친구로서의 책은 더 자주 만날 수 있으며, 생각과 토론의 상대자가 될 수 있는 책입니다. 첫 번째 책이 내 인생의 밑그림을 그려주는 책이라면, 두 번째 책은 내 인생의 배경이 되면서 소재가 될 수 있는 책입니다. 고전이라든지 자신의 연구 분야에서 중요한 책이 해당됩니다.

세 번째는 '그저 알고 지내는 책'입니다. 세상의 많은 책들은 나왔다가 사라지고, 사라졌다가 다시 등장합니다. 이런 책들을 일평생의 반려자로 삼는 것은 어리석은 일입니다. 하지만 이런 책들과 전혀 만남을 갖지 않는 것은 우리의 삶을 빈곤하게 만들 수 있습니다.

이처럼 책은 연인으로서의 책, 친구로서의 책, 그저 알고 지내는 책으로 나눌 수 있습니다. 물론 애독의 정도는 다르겠지만 우리의 삶에서 좋은 친구가 되기에 항상 책을 곁에 두어야 한다는 점은 동일합니다. 책은 좋은 우정처럼 우리의 생존에 가치를 부여해주는 사귐이 될 것입니다.

자연에서 배운다

우리는 글로 된 자료들뿐만 아니라 평소 일상생활이라는 자료를 접하게 됩니다. 이런 자료들은 글이 없는 책입니다. 자료라고 말할 때 우리는 책 속에 담긴 것만을 생각하기 쉽습니다. 하지만 실제로 우리 앞에 펼쳐지는 일상생활도 중요한 자료가 될 수 있습니다.

　일상적인 생활 속에서 학문과 인생의 자료를 추출해내는

것은 살아 있는 자료를 활용할 수 있다는 것을 뜻합니다. 따라서 주변에 널려 있는 일상적인 자료들을 볼 수 있는 눈을 길러야 합니다. 사람들 사이에서 일어나는 자료를 볼 줄 아는 안목을 키워야 합니다.

지성이 성장함에 있어서 관찰은 매우 중요합니다. 관찰이란 보고 듣는 것을 의미합니다. 관찰은 오감을 통해 정보와 자료를 습득하는 것입니다. 우리는 시각, 청각, 후각, 촉각, 미각을 통해 여러 가지 감각 자료를 받아들입니다. 감각기관을 통해 들어온 감각 자료는 이후 서로 연결하는 작용이 일어납니다. 관찰의 내용들을 서로 연결시키며 관계를 맺는 정신 작용을 오성(悟性)이라고 합니다. 인과관계의 연결, 병렬 관계의 연결과 같은 연결이 오성 작용을 통해 일어나는 것입니다.

이성(理性)이란 감각 자료를 연결함으로써 보편적인 원리를 이끌어내는 정신 작용입니다. 그러므로 사고와 정신의 지평이 확장되기를 원한다면 관찰의 영역을 확장하고 심화시켜야 합니다. 사람의 정신과 이성은 관찰을 먹고살기 때문입니다.

이러한 개척의 첫 출발은 '관찰'에서부터 시작됩니다. 어떤 대단하고 신비한 지식이 모자라서 우리가 일하지 못하는 것이 아닙니다. 주변의 세계를 올바로 포착하지 못하기 때문에 재앙이 온다는 사실을 알아야 합니다.

우리가 잘 관찰해야 할 것은 크게 네 가지입니다.

첫째, 우리가 속한 자연과 환경을 잘 관찰하고 읽는 것이 중요합니다.

둘째, 사람들을 잘 관찰하는 것이 중요합니다.

셋째, 자신을 잘 관찰하는 것이 중요합니다. 자신에 대한 연구는 언제든지 중요합니다.

넷째, 우리를 둘러싸고 있는 사회와 역사에 대해 관찰하는 것이 중요합니다.

먼저 우리가 속한 자연과 환경을 관찰하는 데 대해 알아보겠습니다. 우리에게는 식물이나 동물이나 무생물이나 모든 것을 관찰하는 자세가 필요합니다. 관찰의 대상이 무엇인가는 중요하지 않습니다. 알프스 산도 중요하지만, 설악산이나 뒷동산도 중요합니다. 산에서부터 벌레에 이르기까지 전부 다 좋은 관찰 대상입니다.

자연의 대상들을 잘 관찰함으로써 우리는 많은 것들을 읽을 수 있습니다. 모든 피조물을 사랑하는 가운데 그 안에서 전체를 보게 됩니다. 우리가 상상력을 발휘한다면 모래 한 알갱이 속에서 세계를 볼 수 있고, 한 송이 백합 속에서도 하늘나라를 경험할 수 있습니다. 블레이크의 시를 읽어보면 그 의미를 더 정확히 알 수 있습니다.

청정함의 조짐

－블레이크

모래 한 알갱이에서 세계를 보며

한 포기 야생화에서 천국을 보네.

무한이 한 손바닥에 움켜지고

영원이 한 시간 안에 펼쳐지네.

지성의 성장을 원한다면 자신이 속한 환경을 눈여겨보고 관찰하는 것이 중요합니다. 성공하는 사람은 동굴에 갇혀서 사는 사람이 아닙니다. 이곳저곳 두루 다니는 사람입니다. 곳곳을 다니는 가운데 무엇이 문제인지를 진단하고, 해답이 어디에 있는지를 처방할 수 있습니다.

───   ───

자기가 속한 영역에서 모든 것을 잘 관찰하는 것이 중요합니다. 어떤 분야든지 상관없습니다. 한 분야에서 전문가가 되는 것이 중요합니다. 근본이 되는 구조는 크기나 대상과 관계없이 관찰을 통해 알 수 있습니다. 한 분야에서 전문가가 될 때 다른 분야에서도 적용할 수 있는 원리를 파악할 수 있습니다.

관찰이야말로 우리에게 허락된 탁월한 무기입니다. 어떤 말을 하든 관찰이 1번임을 기억해야 합니다. 누군가에게 어떤 말을 건네기 전에 충분히 상황을 관찰하는 것이 좋습니다. 충분히 관찰한 후에 말을 시작해도 결코 늦지 않습니다.

원리는 단순하지만 적용은 무한합니다. 우리는 모든 것을 다 살필 수 없습니다. 그럴 만한 시간적, 경제적 여유도 없습니다. 자신에게 맡겨진 분야에 대해 잘 관찰함으로써 우리는 근본적이면서도 단순한 원리를 배울 수 있습니다. 그리고 그 원리를 많은 영역에 적용할 수 있습니다.

그렇다면 어떻게 관찰해야 할까요? 바로 구체적인 관찰을 해야 합니다. 추상적으로 보고 듣는 것은 치명적인 습관입니다. 우리가 어떤 것을 할 때 추상적으로 하게 되면 문제가 생깁니다.

어떤 문제가 있을까요? 추상적으로 시도하는 것들은 '시간'과 '횟수'의 도움을 받지 못하게 됩니다. 예를 들어 추상적으로 듣게 되면 한 번 들으나, 10번 들으나, 100번 들으나 큰 차이를 경험하지 못합니다. 모든 일은 시간과 횟수에 따라 변화가 초래됩니다. 하지만 추상적으로 접근할 경우 횟수가 빚어내는 놀라운 차이를 경험할 수 없습니다. (시간과 횟수에 대해서는 4장에서 더 자세히 살펴보도록 하겠습니다.)

예전에 막내 아이를 통해 얻은 귀한 교훈이 있습니다. 아이가 어린이집에 다닐 때의 일입니다. 첫째 아이가 방에서 둘째 아이와 다투었습니다. 저는 싸우지 말라고 말리면서 첫째를 마루로 내보냈습니다. 그런데 조금 후 첫째가 셋째 아이와 또 다투게 되었습니다. 세 아이를 모두 집합시키고 전부 손을 들게 했습니다. 조금 후에 팔이 아플까 봐 이렇게 말했습니다. "다 누워! 누워서 손 들어!"

저는 아이들에게 잔소리를 하기 시작했습니다. "왜 이렇게 싸우니! 제발 싸우지 좀 말자. 왜 그렇게 서로한테 신경질을 내니? 신경질 좀 다 갖다 버려!"그랬더니 셋째 아이가 갑자기 손으로 가슴을 건드리면서 가슴에 있는 것들을 다 갖다 내버리는 시늉을 하는 것이었습니다! 한편 첫째와 둘째는 아빠가 화내고 있다는 것을 눈치 채고 있어서 계속 손을 들고 있었습니다.

저는 또 이렇게 말했습니다. "서로 짜증도 내지 마라. 짜증도 다 갖다가 버려!" 그랬더니 막내가 저에게 이렇게 말했습니다. "아빠, 아까 신경질 버릴 때 신경질이랑 짜증이랑 같이 붙어 있었는데요."

아이들은 매우 놀라운 학습 속도를 보입니다. 학교에 다니지 않으면서도 엄청난 속도로 언어를 습득합니다. 그 비밀은 무엇일까요? 어린 아이들은 구체적으로 듣고 보고 사고하기 때문입니다.

첫째와 둘째 아이는 이미 추상적으로 듣기 시작했습니다. 아빠가 자기들을 야단친다고 속단(速斷)하게 된 것입니다. 사람이 속단하게 되면 그 다음에 들어오는 정보는 더 이상 정보가 되지 않습니다. 첫 문장이나 둘째 문장이나 큰 차이가 없습니다. 반면 막내 아이는 '갖다 버리라'는 말을 듣고 진짜 갖다 버리는 시늉을 했습니다. 추상적으로 들으며 속단한 첫째, 둘째와 비교해 구체적으로 듣고 있었던 것입니다.

배움을 위해 우리는 어린 아이의 자세를 다시 회복해야

합니다. 아이처럼 구체적으로 보고 들으면 우리는 매번의
접촉과 만남 사이에 펼쳐지는 새로운 경험을 놓치지 않게
될 것입니다.

사람들을 읽는다

문자화되기 이전 일상적인 자료 중에서 우리가 배워야 할 두 번째 자료는 사람입니다. 사람을 배우기 위해서는 사람들을 잘 관찰하는 것이 중요합니다.

책이 중요하지만 책은 이미 이차적인 자료입니다. 책이란 사람들과의 관계 속에서 좋다고 인정된 내용을 문자화한 것에 불과합니다. 그에 비하면 사람들과의 일상적인 만남

속에서 펼쳐지는 정보는 책보다 더 생생한 자료입니다. 그러므로 사람들과의 만남에서 좋은 자료를 골라내어 잘 보존하고 활용해야 합니다.

주변에 중요한 사람들이 있다면 입을 다물고 그들에게 많은 질문을 던지는 것이 좋습니다. 존재를 가까이 하면 질문이 생깁니다. 질문을 던져 그들로부터 답변을 듣는 것은 최고의 배움입니다. 지면을 통하지 않고 바로 옆 사람에게 배우는 것은 매우 효과적이며 또한 경제적입니다.

공부를 한다는 것은 질문을 던진다는 것입니다. 아는 것이 없으면 질문할 것도 없다는 말도 같은 맥락입니다. 학문을 하는 것은 체계적으로 질문을 던지면서 답변을 추구하는 것입니다. 그러므로 공부에서 가장 중요한 것은 문제의식을 갖는 것입니다.

학교에서 강의를 할 때 간혹 수업 시간에 떠드는 학생들이 있습니다. 학생들이 집중하지 못하고 떠드는 이유는 간단합니다. 사람들은 자신이 질문하지 않은 내용을 듣는다고 생각할 때 딴전을 피우게 됩니다. 자신이 묻지 않은 것에 대해서는 관심과 호기심이 발동하지 않기 때문입니다.

반면 자신이 궁금한 게 있거나 질문할 거리가 있으면 관심을 갖고 열심히 경청합니다. 내면에서 질문이 생기면 사람은 반드시 그 답을 찾아 헤맵니다. 예를 들면 어떤 학생이 아주 멋진 헤어스타일을 하고 왔다고 합시다. 그의 친구들은 그를 보면서 '오, 멋진데!'라고 생각하면서 '어디에서 한 거지?' 혹은 '얼마나 주고 했을까?' 하며 질문을 하게 됩니다. 일단 질문이 떠오르면 수업이 끝나자마자 그 학생에게 다가가 반드시 알아낼 것입니다. 이것이 질문의 위력입니다.

《Word Power Made Easy》의 저자인 노먼 루이스(Norman Lewis)에 따르면, 자신의 삶에서 가장 많은 지식을 안겨준 것은 박사학위가 아니라 네 단어였다고 합니다. 그 네 단어는 "I do not know"입니다. 우리는 "이것에 대해서 잘 모르겠습니다. 이것에 대해서 설명해주실 수 있을까요?"라는 말을 자주 할 수 있어야 합니다. 우리가 일상생활에서 질문을 자주 던질 수 있다면 우리의 대화는 유익해질 것이며, 우리의 지식은 엄청나게 늘어날 것입니다.

말을 할 때 우리는 종종 투정하는 습관을 갖고 있습니다. 투정이란 들을 사람만 있다면 아무 이야기나 다 뱉어내는 것입니다. 투정할 때는 지금 내가 말하고 있는 상대방이 그 문제를 해결할 능력이 있는 사람인지에 대해서 신경 쓰지 않습니다. 단지 내가 억울하다는 이유 하나만으로 아무에게나 이야기를 건네게 됩니다.

간혹 누군가에게 조심스러운 이야기를 하는 경우가 있습니다. 그 이야기는 여러 사람에게 알려져서는 곤란한 내용입니다. 그렇다면 상대방이 비밀을 지켜줄 수 있는 사람인가를 파악해야 합니다. 만일 상대방이 입이 가벼운 사람이라면 조심스러운 이야기를 해서는 안 됩니다. 그런데 투정을 하게 되면 그런 것들을 신경 쓰지 못하게 됩니다. 아무에게나 무분별하게 말을 건네게 됩니다. 그리고 나서 자신의 이야기가 옮겨진 것에 대해 당황해하고 심지어 화를 냅니다.

평소 아무에게나 투정하는 습관을 갖고 있다면 나의 삶을 위험스럽게 노출시키는 처지에 빠지게 됩니다. 내가 A에게 이런 이야기를 하고 B에게는 저런 이야기를 했다고 합시다. 그런데 두 사람이 만나게 되면 나에 대한 이야기를 하게 될 수도 있습니다. 만일 투정하는 습관이 있다면 자신의 미래를 위태롭게 만드는 위험한 습관을 갖고 있는 것입니다. 그러니 사람을 만날 때는 투정하기보다는 질문하는 습관을 들이는 것이 중요합니다.

질문은 투정과 어떻게 다를까요? 질문은 투정과는 달리 아무에게나 말을 건네는 것이 아닙니다. 질문이란 답변할 능력이 있는 사람에게 물음의 형태로 언어를 건네는 것입니다. 질문하려면 먼저 분별 능력이 회복되어야 합니다. 상대방이 나의 문제를 해결할 능력이 있는 사람인가를 먼저 확인할 수 있어야 합니다. 그러려면 질문하기 전에 상대방에 대해 관찰하는 능력이 필요합니다.

질문은 아무 말이나 장황하게 건네는 것도 아닙니다. 물음의 형태로 언어를 건네는 것입니다. 문장 뒤에 물음표를 찍어서 말을 건네는 것이 질문입니다. 우리는 상대에게 배울 점이 있거나 궁금한 점이 있을 때 질문을 합니다. 그래서 질문을 받는 사람은 존중받는다는 느낌을 갖게 됩니다.

질문을 잘하면 적지 않은 혜택을 누리게 됩니다. 질문하는 습관을 갖게 되면 어떤 것에 대해서 처음에는 무지할 수 있지만 끝까지 무지한 상태로 머물지 않습니다. 내가 어떤 것을 잘 알지 못하고 다루지 못한다고 해봅시다. 그런데 내 주변에 그것에 대해 잘 알고 잘하는 사람이 있습니다. 그러면 나는 그 사람에게 가까이 다가갑니다. 평소에도 그 사람과의 관계에 대해 더 가깝고 더 친밀하게 느끼게 됩니다. 그러다 기회가 될 때 그에게 물음의 언어를 건네게 됩니다. "저는 이것을 잘 모르겠고 잘하지 못합니다. 어떻게 하면 잘할 수 있을까요?"

질문의 위력은 수학의 경우에도 적용됩니다. 사업의 경우에도 물론 적용됩니다. 질문하는 습관을 갖게 되면 처음에는 무지하거나 무능할 수 있지만, 나중에는 그 상태를 벗어나게 됩니다. 어느 누구의 인생이고 한 권의 책이 될 만합니다. 우리 주변의 많은 사람들이 우리가 익혀야 할 일상의 자료이자 배움의 대상입니다. 그들에게 불필요하게 말을 건네지 말고 질문하는 습관을 적용하면 우리의 삶은 훨씬 더 풍성해질 것입니다.

자신에 대한 관찰

자연과 환경, 사람에 이어 우리가 배우고 관찰해야 할 다음 대상은 자기 자신입니다. 소크라테스는 "너 자신을 알라"고 말했습니다. 베이컨도 "아는 것이 힘이다"라고 말했습니다. 두 사람을 합쳐 누군가는 우스갯소리로 소크라베이컨이라 부르며 "너 자신을 아는 것이 힘이다"라고도 했습니다.

자신을 잘 알지 못하는 것은 재앙의 시작이며, 자신을 아는 것은 문제 해결의 첫 출발입니다. 문제에 대한 해결 방법을 내리지 못하는 경우는 대개 문제 진단이 올바르게 이루어지지 않았기 때문입니다.

문제를 해결하고 개선하는 데는 여러 가지 방법이 있지 않습니다. 어떤 문제든 개선하는 과정에서 구체적으로 반드시 밟아야 하는 방법은 한 가지뿐입니다. 지금 우리가 하고 있는 것보다 조금만 더 잘하는 것입니다. 한꺼번에 너무 잘하려고 하면 감당하지 못하고 쓰러집니다. 잘하는 유일한 길은 지금 하는 것보다 조금만 더 잘하고, 그것이 익숙해지면 조금 더 잘하는 것을 반복하는 길입니다.

그런데 우리는 왜 이 쉬운 방법을 잘 활용하지 못할까요? 자신이 지금 어떻게 하고 있는지를 잘 모르기 때문입니다. 자신에 대한 정확한 관찰과 평가가 없기 때문에 스스로를 개선하려는 노력이 허탕 치게 되는 것입니다.

우리가 목표를 향해 나아갈 때 눈길이 닿는 곳과 발길이 닿는 곳은 다를 수밖에 없습니다. 예를 들어 산의 정상을 향해 나아갈 때 우리에겐 목표가 있습니다. 우리의 눈길은 그 목표를 언제나 주시합니다. 눈은 산을 향해야 하지만, 발은 한 걸음씩 내디뎌야 합니다. 우리가 발을 디뎌야 할 곳은 바로 다음 산길입니다. 우리의 최종 목적지인 산 정상이 아닙니다. 오히려 정상만을 생각하는 사람은 자꾸 헛걸음을 디디게 됩니다. 한 걸음 만에 모든 것을 이루려는 사람은 실패할 수밖에 없습니다. 넘어지고 실패하면서 결국 좌절하게 됩니다.

우리의 인생도 마찬가지입니다. 목표만을 바라보며 발걸음을 내딛으면 안 됩니다. 내가 지금 어디에 서 있는지, 어떻게 하고 있는지를 파악해야 합니다. 자신에 대해 관찰하는 게 먼저입니다. 발전에 앞서 자기 발견이 이루어져야 합니다. 잘하는 비결은 언제나 지금 하는 것보다 조금만 더 잘하는 것입니다.

많은 사람들이 자신에 대한 연구를 게을리합니다. 우리 앞에 펼쳐지는 모든 사건은 내가 누구인가를 가르쳐주는 사건입니다. 스스로를 개선하고 싶다면 자기 자신에 대해 공부해야 합니다.

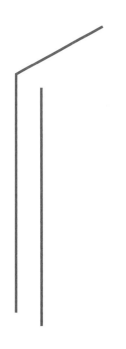

역사와 사회에 대한 관찰

마지막으로 우리가 관찰해야 하는 것은 역사와 사회입니다. 상황이나 인물을 읽어내는 것뿐 아니라 우리를 둘러싼 사회적 분위기와 역사적 흐름을 잘 읽는 것도 중요합니다. 우리는 개인적 차원을 넘어 공동체적 차원의 세계를 파악할 수 있어야 합니다.

우리는 역사의 중요성을 인식해야 합니다. 우리가 지금

하고 있는 일들이 예전에는 어떤 형태로 진행되었는가에 대한 의문을 가져야 합니다. 이러한 역사의식을 통해 우리는 현재를 절대화하려는 유혹을 이길 수 있습니다. "이전에는 어떻게 했을까? 앞으로 어떻게 될 것인가?" 역사를 아는 사람은 현재의 한 단면을 절대화하지 않습니다. 반면 역사의식을 갖지 않으면 한 단면을 절대화하게 됩니다.

예를 들면 이렇습니다. 우리는 지금 가구가 필요하면 가구점을 방문합니다. 그런데 우리는 언제부터 이렇게 가구를 구하게 되었을까요? 왜 톱을 들고 숲으로 가지 않고 돈을 들고 가구점으로 갈까요? 우리가 살아가는 사회가 자본주의 질서에 의해 운영되는 사회이기 때문입니다. 그렇다면 지금의 이 사회는 언제까지 유지될까요? 앞으로도 우리는 가구가 필요하면 가구점으로 갈까요? 이런 질문은 인생에 대한 폭넓은 시각을 갖는 데 도움을 줍니다.

역사를 잘 아는 것은 사람이나 조직을 이해하는 데도 큰 도움이 됩니다. 우리는 친구나 부모님을 이해할 때도 역사적 시각을 가져야 합니다. 청소년들은 대개 부모님에 대해 애증의 양면적 감정을 갖고 있습니다. 퇴근 후 힘들어하는 아버지를 보며 측은하고 존경하는 마음이 들다가도, 어느 날은 공부에 대해 압박하는 아버지를 보며 미움이 일어날 때도 있습니다.

누군가에 대한 미움은 그의 현재 모습이 싫다는 것을 뜻합니다. 하지만 그 사람의 현재 모습만으로는 그 존재를 올바로 이해할 수 없습니다. 그가 어떤 역사를 거쳤는지를 알게 될 때 그의 참 모습을 알 수 있습니다. 사람을 안다는 것은 그 사람의 역사를 아는 것입니다. 그 사람이 어떤 과정을 거쳐 현재에 이르게 되었는지를 알게 될 때 우리는 그 사람에 대해 전체적인 안목을 갖고 이해할 수 있습니다.

기관이나 조직에서 일할 때 우리는 열심만 가지고 시작합니다. 그러나 열심에 앞서 그 조직의 역사에 대해서 잘 알아야 합니다. 우리가 흔히 저지르기 쉬운 실수는 굉장한 열의를 갖고 일을 시작했는데 얼마 안 있어 저항을 받아 열의가 바로 좌절당하는 것입니다.

일을 시작할 때 우리는 먼저 조직의 역사를 알아야 합니다. 어떻게 현재의 관행이 굳어졌는지에 대해 파악하고 다음 일을 도모하는 것이 현명한 자세입니다. 우리가 보는 것은 현재뿐입니다. 하지만 현재라는 것은 과거와의 끊임없는 연속선상에서 주어진 현재입니다. 그 사실을 깨닫게 될 때 우리는 현명하게 대처할 수 있습니다. 그러므로 과거와 역사를 아는 것은 언제나 중요합니다.

정보와 지식,
지혜를 아우르다

우리가 공부를 통해 얻어야 할 것은 무엇일까요? 보통 공부의 대상이 되거나 공부의 결과물이 되는 것으로 정보, 지식, 지혜를 언급합니다. 정보, 지식, 지혜는 거의 비슷한 의미를 품고 있습니다. 구체적인 현실이나 상황에 대한 어떤 소식, 앎, 깨달음을 의미한다는 점에서 세 단어는 비슷합니다. 하지만 세 단어가 완전히 같은 말은 아닙니다.

—   —

먼저 '정보(情報)'는 '습득한다, 얻는다'라는 동사와 함께 쓰입니다. 심지어 어떤 사람들은 정보를 줍는다고 말합니다. 정보란 어떤 상황이나 사건에 관한 소식을 의미합니다. 이전에 알려지지 않은 새로운 지식을 의미할 때 많이 쓰이는 단어입니다.

두 번째 단어인 '지식(知識)'은 단순히 어떤 소식만을 의미하기보다는 쌓이는 것을 의미합니다. 지식은 대개 '쌓는다, 연마한다'라는 단어와 함께 쓰입니다. 지식은 학습과 배움, 단련, 연마를 통해 얻어지는 것입니다. 여러 정보와 자료가 있고, 그것들을 총괄적으로 요약해주는 원리를 추구할 때 얻어지는 것이 지식입니다. 지식이 하나의 체계를 형성하게 될 때 우리는 그것을 '학문(學問)'이라고 부릅니다. 어떤 고유한 대상에 대해 특정한 지식 체계가 형성된다면 하나의 학문이 시작되는 것입니다.

세 번째 단어인 '지혜(智慧)'는 단편적인 정보나 이론적인 지식과는 달리 실천적이고 심층적인 것입니다. 지혜는 대개 '깨달음'이라는 단어와 연결되어 사용됩니다. 정보가 줍는 것이며 지식이 학습되는 것이라면, 지혜는 대개 깨달음을 통해서 얻어지는 것입니다. 지혜란 인생의 풍파 속에서 구체적인 부딪힘을 통해 인생, 존재, 역사의 심층적 측면이 현시(顯示)되었을 때 포착되는 것입니다. 지혜는 단지 우리의 뇌와 관련되는 것이 아니라 삶의 모든 영역에 관련되는 것입니다.

물론 우리에게는 이 세 가지가 모두 필요합니다. 우리에게 왜 공부가 필요하고, 우리가 왜 공부하는지에 대해 말할 때, 이 세 가지를 다 염두에 두고 있는 것입니다. 단지 정보만 갖고 있는 것은 인간보다 컴퓨터가 더 잘합니다. 인간은 인간이기 때문에 정보 이외의 지식적인 차원을 가지고 있고, 지식을 넘어서 지혜의 차원을 가지고 있습니다.

오늘날 많은 사람들이 정보화 사회에 대해 이야기합니다. 컴퓨터의 중요성에 대해서 말하며 인터넷을 통한 정보 물결에 대해서 논합니다. 그러나 정보화 사회에서도 중요한 것은 역시 정보원(情報源)입니다. '누가 정보를 제공하며 통제하는 사람이냐?' 하는 것입니다. 물론 예전보다 더 빨리 정보가 유통되며, 예전보다 더 많은 사람들이 정보에 다가갈 수 있다는 것은 사실이며 중요합니다. 하지만 이보다 더욱 중요한 것은 이러한 정보를 통제하는 사람이 누구인가의 문제입니다.

우리는 단순히 정보와 지식을 소비하는 역할을 넘어서 정보와 지식의 생산에 참여하기를 원합니다. 우리도 정보와 지식을 생산하면서 또 유통하는 사람이 되려면 어떤 노력이 필요할까요? 다음 장에서는 책으로 대표되는 지식과 정보를 받아들이고 정리하는 가운데 나만의 관점을 키워가는 방법들에 대해 살펴보겠습니다.

CHAPTER 3

어떻게
책을
읽을까

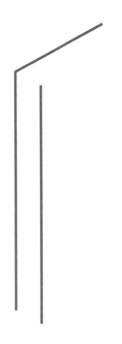

금방 까먹을 것은
읽지도 마라

'책을 어떻게 읽어야 할까요?'라는 질문을 받을 때가 있습니다. 그럴 때 가장 먼저 주는 도움말은 바로 이것입니다. 금방 잊을 것들은 가급적 읽지 마라! 대신에 '내가 읽은 것들에 대해 지속적으로 시간을 들이고 횟수를 더하라'는 게 저의 제안입니다.

내일이면 곧 잊힐 것들에 대해 많은 시간을 들일 필요가 없습니다. 잊어버릴 내용을 많이 읽는다면 망각의 습관만 우리 안에 만들게 됩니다. 우리의 존재 속에 스며들 필요가 없는 지식을 잠깐 동안 귀와 입 속에 보관하고 내어버리는 것은 시간 낭비입니다. 금방 잊힐 것들을 너무 많이 읽는 것은 시간 낭비이며, 시간 낭비는 인생 낭비로 이어집니다.

두 번 이상 읽을 가치가 없는 것들은 대체로 단 한 번 읽을 가치도 없는 것들입니다. 물론 고상한 콘텐츠가 따로 있는 것은 아닙니다. 각자의 관심에 따라 읽는 것을 비판할 수는 없습니다. 자신의 시각에서는 좋은 것을 읽는 것이기 때문입니다. 하지만 읽는 것이 전부 그런 내용들뿐이라면 문제가 됩니다.

독서의 첫 번째 기능은 두 번 이상 읽을 가치가 있는 책인가를 가려내는 데 있습니다. 인생에서 온갖 가치 있는 것들은 단 한 번의 시도가 만들어낸 것이 아닙니다. 그것은 시간과 횟수의 결과물입니다. 날씬한 몸매를 유지하려면 어떻게 해야 할까요? 한두 번 적게 먹는 것이 아니라 소식하는 일을 반복해야 합니다. 나무가 열매를 맺으려면 어떻게 해야 할까요? 한두 번의 태양이 아니라 여름 내내 태양빛을 계속 받아야 합니다.

가치 있는 일들을 이루는 과정에는 시간이 개입되어 있습니다. 시간이 오래 걸리는 것들은 오래 걸리는 시간 자체가 핵심입니다. 사랑의 경우도 그렇습니다. 우리는 흔히 사랑을 감정으로 하는 것이라고 생각합니다. 하지만 그보다 더 중요한 것은 '시간'입니다. 사랑의 감정이 조금 무뎌도 괜찮습니다. 내가 상대방에게 이야기하고 싶은 사람이 되고, 그가 내 곁에 오래 머물도록 할 수 있다면, 그와 나 사이에 결정적인 전환점이 생길 수 있습니다.

　책을 이해함에 있어서도 비슷한 원리가 적용됩니다. 우리는 모든 것을 한번에 이해할 수 없습니다. 어떤 주제는 우리의 지성을 넘어섭니다. 주제가 지성보다 큰 경우 우리는 어떻게 그것을 이해하고 내 것으로 삼을 수 있을까요? 간단합니다. 시간과 횟수의 도움을 받아야 합니다.

　단번에 이해하기를 기대하지 말고 그것이 계속 내 경험과 생각 속에 거주하도록 만들어야 합니다. 그 대상이 더 깊고 심오한 내용을 담고 있을수록 더 많은 시간과 횟수를 허락해야 합니다. 그런데 우리에게 주어진 시간은 제한되어 있습니다. 그러므로 불필요한 대상에게 너무 많은 시간을 들이지 않아야 합니다.

시간과 횟수의 중요성을 깨닫게 되면 우리의 삶과 학습 여정에 상당한 여유를 갖게 됩니다. 학교에서 학생들과 생활하면서 깨닫게 된 사실이 있습니다. 학교에서 제가 하는 일은 많지 않으며 학생들에게 거의 영향을 미치지 못한다는 것입니다. 지금보다 그 사실을 잘 알지 못했을 때 저는 대단한 일을 할 수 있으리라는 착각에 빠진 적도 있었습니다. 그런데 그게 사실이 아님을 알게 된 것입니다. 만일 제가 대단한 일을 하고 있다면 휴강을 했을 때 큰 문제가 생겨야겠지요? 그런데 그런 일은 없었습니다.

제가 별로 하는 일이 없고 학생들에게 영향을 미치지 못한다고 학생들을 대할 때 초라해질까요? 그것은 아니었습니다. 저는 별로 하는 일이 없지만, 다행히 대부분의 일을 시간과 횟수가 해주는 것임을 알게 되었습니다. 이 깨달음은 저에게 여유와 끈기를 동시에 주었습니다. 이제는 단번에 무슨 대단한 일이 있을 것을 예상하거나 기대하지 않습니다.

이제는 강의를 할 때 그렇게 부담을 갖지 않습니다. 단 한 시간의 강의가 모든 것을 이루어내는 것이 아님을 알게 되었기 때문입니다. 예전에는 학생들이 떠들고 강의에 집중하지 않으면 불필요하게 야단을 치는 경우가 많았습니다. 하지만 단 한 번의 강의가 아니라 연속적인 횟수로 인해 일이 이루어짐을 자각하게 되면서 학생들에 대해 조금 더 여유를 갖게 되었습니다.

그렇다고 강의를 소홀히 대하게 된 것도 아닙니다. 단 한 번의 시도가 아니라 횟수를 더하면서 결실이 맺는다는 것을 알게 되면서 미래에 대해 여유 있는 기대를 갖고 계속하는 습관을 갖게 되었습니다. 우리가 나아가는 방향이 올바르다면 그 결과에 대해 크게 걱정할 필요가 없다는 것을 알게 된 것입니다.

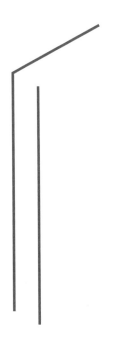

메모하고 노트를
만들어라

독서에 관한 두 번째 도움말은 '꼭 메모하고 노트를 만드는 습관을 들이라'는 것입니다. 메모하고 노트하는 것은 왜 중요할까요? 메모하고 노트하는 것은 내가 읽은 것들에 시간을 들이는 행위이기 때문입니다. 시간과 횟수를 통해야만 내 것이 아닌 것들이 비로소 내 것이 됩니다. 메모는 나의 바깥에 있는 것을 내 안으로 옮기는 데 중간 정거장 역할을 합니다. 인생은 옮김의 예술인데, 메모는 옮김의 능력을 발휘하는 데 매우 중요한 역할을 수행합니다.

어떤 것을 잘하려고 하지만 잘하지 못할 때의 특징이 있습니다. 예를 들면 말을 잘하고 싶지만 발표를 잘하지 못하는 경우가 있습니다. 글을 잘 쓰고 싶지만 글을 잘 쓰지 못하는 경우도 있습니다. 우리는 왜 잘하지 못할까요? 우리에게 동기가 모자라거나 열심이 없는 것이 아닙니다. 그런데도 왜 잘하지 못하게 될까요?

모든 것을 현장에서 만들어서 하려고 하면 잘하지 못합니다. 마이크를 잡고 연설을 하거나 사회를 본다고 합시다. 말을 잘 못하는 분들은 마이크를 잡고 연단에 올라서서 그 자리에서 말을 만들어서 하려고 합니다. 하지만 그 상황에 처하면 누구나 당황하게 됩니다. 무대 위에 서본 이들은 알겠지만, 연단에 서게 되면 우리는 제정신을 잃어버리게 됩니다. 회의 중에 손을 들고 발언을 시작하면서 제정신을 잃어버리는 분들도 종종 봅니다.

사람들은 무대 위에 올라가거나 자신이 주인공이 되면 제정신을 잃어버리는 경우가 종종 있습니다. 이는 어쩔 수 없는 상황입니다. 그러면 어떻게 해야 할까요? 사람들은 무대

아래 앉아 있을 때 제정신을 유지합니다. 그러니 평소 제정신이 유지될 때 좋은 내용들을 자기 안으로 많이 옮겨놓아야 합니다.

평소 자신 안으로 옮겨놓은 내용 가운데 주변에 건네본 경험도 쌓아야 합니다. 그때 다른 사람들로부터 좋은 반응을 이끌어낸 내용들을 창고에 정돈해두어야 합니다. 그러면 나중에 무대에 올라갔을 때 이전에 좋은 반응을 얻었던 내용들을 차분하게 청중에게 옮길 수 있고, 좋은 발표를 할 수 있게 됩니다.

이런 옮김의 과정에는 매우 중요한 단계가 있습니다. 바로 메모하고 노트를 만드는 것입니다. 인간의 기억력은 매우 제한되어 있습니다. 인간의 뇌 용량이 작기 때문입니다. 그러다 보니 새로운 것을 배우면 누적되기보다 이후에 들어온 것들이 이전에 들어온 것들을 밀어내는 경우가 많습니다.

기억력이 제한되어 있기 때문에 우리는 언어의 도움을 받아야 합니다. 언어에는 보존의 기능이 있습니다. 보존이란 시간의 간격을 메워주는 기능입니다. 선명한 기억보다 흐릿한 잉크가 유용합니다. 아무리 좋은 내용을 많이 생각했거나 전달받았다고 할지라도 보존하는 능력이 없다면 우리는 잘 쓰임받기가 어렵습니다. 지키는 것이 버는 것보다 훨씬 더 어렵다는 것은 많은 사람들이 공감하는 내용입니다. 어떻게 해야 우리는 얻은 것들을 잘 지킬 수 있을까요?

메모하고 노트를 만드는 습관은 훌륭한 습관입니다. 좋은 강의를 듣거나 책을 읽을 때 꼭 메모하면서 적는 습관을 들여야 합니다. 중요한 내용을 메모한 다음 자신의 글이나 발표에 활용할 때 진정으로 자신의 것이 됩니다.

기억력이 대단히 비상한 소수의 사람들을 제외하고는 노트하지 않고 책을 읽는 것은 시간 낭비일 뿐입니다. 노트하기는 기억력을 향상시킵니다. '책을 몇 권이나 읽었는가?'보다 더욱 중요한 질문은 '노트를 몇 권이나 가지고 있느냐?'는 질문입니다. 책을 많이 읽는 것보다는 노트를 많이 갖고 있는 것이 훨씬 더 좋습니다.

상당수의 학생들은 자신의 손으로 적는 일에 충실하지 않습니다. 시험 기간이 되면 남의 노트를 빌려서 공부합니다. 저도 예전에는 비슷한 삶을 살았습니다. 학기말에 친구들의 노트를 보고 시험 공부를 했고, 시험이 끝난 뒤에는 모두 쓰레기통에 버렸습니다. 보관하고 있어도 그 이후엔 참고하지 않게 되었기 때문입니다.

하지만 나중에 더 큰 깨달음을 얻었습니다. 노트하기가 문제가 아니라 후에 시간을 들이지 않은 것이 잘못이었습니다. 저는 보관해두는 게 잘못이라고 잘못된 결론을 내렸던 것입니다. 그래서 이제는 노트하기를 다시 시작했으며, 기회가 있을 때마다 노트한 것들을 참고합니다.

물론 읽고 접한 자료들은 더 많습니다. 하지만 직접 노트한 것을 제외하고는 기억에 남아 있지 않습니다. 어떤 책들의 경우 읽었다는 것만 기억날 뿐 무엇을 읽었는지 기억나지 않습니다. 대개 노트를 하지 않고 넘긴 것들은 무엇을 잊어버렸는지조차 모를 정도로 망각의 늪 속에 빠지고 말았습니다. 읽기만 한 내용은 거의 기억나지 않습니다.

제가 글을 쓸 때 참고하는 내용은 대부분 노트를 해둔 내용입니다. 강연하거나 책을 쓸 때 사용하는 자료들의 대부분은 노트한 것들로부터 얻습니다. 그러니 단지 소비자로 머물지 않고 생산자가 되기를 원한다면 메모하고 노트하는 습관을 들이는 것이 좋습니다.

반복하고 활용하라

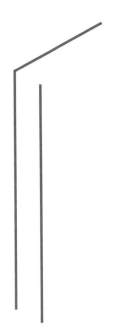

책을 읽을 때 메모하고 노트하는 것은 중요합니다. 그렇다면 노트한 내용을 어떻게 반복하고 활용할지에 대해서도 생각해볼 필요가 있습니다.

그에 대해 이은성의《동의보감》을 읽으며 나름대로 해석을 해보았습니다. 그 소설을 읽으며 저는 왜 허준이 유의태의 아들 유도지보다 더 잘될 수 있었는지에 대해 의문이 생겼습니다. 유도지는 아버지 유의태에게서 매일 일대일 과외를 받았습니다. 그럼에도 그는 허준보다 더 나은 명의(名醫)가 되지 못했고, 결국 허준이 유의태의 계승자가 됩니다.

왜 아버지의 가르침에도 불구하고 유도지는 허준보다 못했을까요? 반대로 허준은 어떻게 유도지보다 탁월할 수 있었을까요? 이런 의문에 대해 저는 두 가지 답변을 거부합니다.

첫째, 허준이 천부적으로 탁월한 능력을 타고났다는 답변을 거부합니다. 만일 그것이 사실이라면 우리는 굳이 열심히 공부할 필요가 없을 것입니다. 능력을 타고났다고 하더라도 그 능력은 잠재성일 뿐 언제나 훈련과 연마가 필요합니다.

둘째, 허준이 유도지보다 수백, 수천 배 노력을 더 많이 했다는 답변을 거부합니다. 엄청난 노력을 하고도 잘 안 되는 경우를 우리는 알고 있기 때문입니다.

만일 이 두 가지 답변을 배제한다면 도대체 그 이유는 무엇일까요? 저는 책의 한 부분을 읽다가 제 나름대로의 결론을 내렸습니다. 이는 특이한 해석이며, 정답이기보다 제 나름의 답안일 뿐이지만 여기에 풀어보려 합니다.

허준은 밤에 뒷간에 다녀오다가 어떤 소리를 듣게 됩니다. 그 소리는 유의태가 시간을 내어 아들 유도지를 가르치는 소리였습니다. 유의태의 과외 공부를 알게 된 뒤 허준은 유도지의 공부방 처마 밑에서 몰래 그 가르침을 엿듣게 됩니다. 허준은 자신이 적은 것을 부인 다희와 어머니에게 보여주기도 합니다. 이은성의 《동의보감》을 보면 이런 내용이 나옵니다.

> "다희도 손씨 못지않게 남편이 적어오는 그 내용들을 기다렸다. 모두 처음 듣는 얘기고 다 이해하기 어려운 얘기들이었으나 남편이 몰래 적어오는 한지가 열 장, 스무 장, 서른 장으로 불어나는 만큼 다희의 가슴에도 희망이 쌓여갔고, 또 한편 직접 가르침을 받는 것이 아니라 마치 도둑고양이처럼 도지의 공부방 밖 처마 밑에서 엿들어 적어오는 지식들이라는 데서 남편의 그 고군분투의 모습이 눈물겹고 감사했다."

허준의 어머니 손씨와 부인 다희는 남편이 남의 처마 밑에서 도둑고양이처럼 몰래 적어오는 내용을 애틋한 마음으로 읽었다고 합니다. 저는 그 속에서 해답을 발견했습니다. 허준이 유도지를 능가한 이유는 이러합니다. 허준은 스승 유의태의 가르침을 적으면서 주의 깊게 들었고, 유도지는 적지 않고 부주의하게 들었기 때문입니다.

아들 유도지는 아마 '적지 않고' 아버지의 가르침을 들었을 것입니다. 그는 아버지의 가르침을 들으면서 주말에 있었던 건넛마을 처녀와의 미팅을 생각하며 건성으로 들었을는지도 모릅니다. '아버지가 내일도 또 가르쳐주실 텐데' 하며 대강 들었을 수도 있습니다.

그러나 허준의 경우 사정이 달랐습니다. 그는 몰래 듣고 있었습니다. 그는 종말론적 의식을 갖고 강의에 참여하고 있었습니다. 만일 그가 몰래 듣는 것이 발각된다면 그 다음 날부터 못 들을 수도 있습니다. 그 기회가 마지막 기회일지도 모른다고 생각하면서 들었을 것입니다. 허준은 오감(五感)을 다 발동시켜 듣고 적고 되새기면서 들었을 것입니다. 허준의 흡입력은 상상할 수 없을 정도로 놀라운 힘을 발휘했을 것입니다.

뿐만 아니라 허준은 자신이 적은 것을 부인에게 건네주었고, 다시 받아와서 또 읽었을 것입니다. 이런 계속적인 반복 속에 축적이 있었고, 그러한 축적 가운데 발효 과정이 있었으며, 그 발효 과정 안에서 미래를 향한 기적이 잉태되었으리라고 저는 추측합니다. 물론 얼마나 많은 입력이 있느냐도 중요합니다. 하지만 얼마나 강한 흡입력으로 빨아들이며, 얼마나 자주 활용하는가가 더욱 중요합니다.

혹시 책을 읽은 후 강의나 세미나에 참석했는데 내용이 도통 기억나지 않아 난처했던 적 없습니까? 저는 그런 경험이 많습니다. 토론 도중 어떤 주제에 대해 이야기하는데, 전날 밤에 분명 그 책을 읽었는데 내용이 가물가물한 적도 있습니다. 떠오를 듯하면서도 그 내용이 정확히 기억나지 않아 당혹스러웠습니다. 왜 이런 현상이 반복되는 것일까요?

책을 읽는 것은 책의 언어 안에 담긴 사상을 나의 자루 속에 담아두는 행위입니다. 물론 나는 좋은 사상을 나의 자루 속에 분명히 담아두었습니다. 하지만 세미나에 참석했을 때나 글을 쓸 때 필요한 내용이 어디에 있는지, 어떤 내용이 있는지 찾는 과정에 시간이 걸립니다. 시간이 걸려 겨우 찾았을 때는 또 문제가 있습니다. 이미 다른 토론 주제로 바뀐 후거나 가까스로 떠올랐던 글의 아이디어가 사라지고 난 뒤라는 것이죠.

그런데 메모를 하고 노트를 만들면 어떻게 될까요? 노트를 만드는 과정에서 나는 분류 작업에 참여하게 됩니다. 각각의 내용에 대해 나의 시간을 들이게 됩니다. 가르침을 받는 시간에 내가 능동적으로 참여하게 되는 것입니다. 노트를 만드는 가운데 분류하면서 정돈을 하게 됩니다. 비유적으로 말하자면, 사탕을 호주머니에 넣어두되 사탕 종류에 따라 분류하면서 넣어두는 것과 같습니다. 박하사탕은 오른쪽 주머니에, 초콜릿 사탕은 왼쪽 주머니에 넣는 식입니다. 물론 기록 과정에서는 시간이 걸립니다. 하지만 나중에 기록한 내용을 다시 끄집어낼 때는 훨씬 빠르게 추출해낼 수 있습니다. 이것이 메모하고 노트하기의 혜택입니다.

어떻게 노트를 만들면 좋을까요? 처음에는 일단 책에 있는 내용을 그대로 옮기는 연습부터 하면 됩니다. 필기하는 것은 단지 책에 있는 내용을 내 노트로 옮기는 과정입니다. 그 다음에는 그 노트에 계속 횟수를 더하면서 시간을 보내는 것이 중요합니다.

예전에 제가 읽었던 책의 내용을 노트에 옮겨 적은 후 시간이 날 때마다 읽어보았습니다. 내용이 신통치 않은 책을 읽는 것은 자존감에 상처를 주지 않았습니다. 하지만 좋은 책을 만나는 것은 좌절의 순간이었습니다. 내용이 탁월한 책을 읽는 것은 열등감을 안겨주기도 했습니다. 그때는 참 부럽고 궁금했습니다. 이 책을 쓴 사람은 나와 다른 사람이라고 생각했습니다. '이 사람은 어떻게 이런 멋진 생각을 할 수 있을까?' 이 세상에 똑같이 태어나서 살아가는데 서로의 결과물이 너무 다르다는 것은 좌절감을 느끼게 하는 경험이었습니다.

그러다 문득 이런 생각이 들었습니다. '만일 내가 이 내용을 노트에 적어두고 읽고 또 읽는다면 이런 사고구조가 내 안에서 생기지 않을까?' 그리고 실제로 실천해보았습니다. 오랜 시간이 지난 후 저는 실제로 그런 일이 일어난다는 것을 경험했습니다.

여기에는 시간과 언어의 힘이 있었습니다. 좋은 내용을 읽고 또 읽으면서 다른 사람에게 전달했더니 그 언어가 내 속에 물들기 시작했던 것입니다. 이런 점에서 언어는 음식과 다릅니다. 붕어빵을 아무리 많이 먹어도 우리는 붕어빵을 만드는 기계가 되지 않습니다. 하지만 좋은 언어를 계속 읽고 유통하면 언젠가는 좋은 언어를 산출하는 존재가 될 수 있습니다. 이는 우리의 지성이 그 언어로 인해 스며들고 물들기 때문입니다.

노트에 적힌 내용을 읽다가 좋은 생각이 떠오르면 여백에 적어두는 것도 좋은 방법입니다. 좋은 생각이 떠올랐을 때 미루지 말고 즉시 메모하는 습관을 들여야 합니다. 메모를 미루면 금방 문제가 발생합니다. 시간이 흐른 뒤에는 자신이 무엇을 잊었는지조차 잊게 됩니다.

메모하고 노트를 만들었다면 그 노트를 수시로 펼쳐보고 활용해야 합니다. 내가 메모하고 노트한 것을 자주 펼쳐보는 것은 기억의 비결인 동시에 새로운 착상의 원천이 됩니다. 책의 내용을 잘 기억하는 비결은 자신이 적은 내용을 자주 읽는 것입니다. 노트한 내용을 다시 읽을 때 새로운 생각이 떠오르기도 합니다. 그러면 그 질문이나 생각을 여백에 적어둡니다. 이렇게 적은 내용들을 모으고 분류하면 나만의 글이 만들어지기 시작합니다. 이런 내용들이 모아지면 나만의 책 쓰기를 할 때 좋은 자료가 될 것입니다.

중요 단어를
정복하라

독서에 관한 네 번째 구체적 도움말은 '책을 읽을 때 단어 읽기를 하라'는 것입니다. 하나의 분야에 관한 책을 읽을 때는 중요한 단어에 주목해야 합니다. 어떤 단어가 중요한 단어일까요? 그 책에서 자주 등장하는 단어가 중요한 단어입니다.

영어 공부에 대해 참고할 만한 조언을 들은 적이 있습니다. 영어 책을 읽으며 해석할 때 모든 단어를 찾으려고 할 필요가 없다는 것입니다. 어떤 단어들은 아무리 열심히 찾아봐도 별 소용이 없습니다. 잠깐 외운다고 해도 앞으로 3개월 동안 그 단어를 만나지 않을 것이며, 곧 망각의 늪으로 사라질 것이기 때문입니다.

그러면 우리는 단어를 전혀 찾지 말아야 할까요? 만약 단어를 찾아야 한다면 어떤 단어를 찾아야 할까요? 페이지를 넘기다 보면 너무 빈번하게 나와서 찾지 않고 그냥 넘어가기엔 미안한 단어들이 나옵니다. 그 단어들은 일부러 시간을 내어 찾아두는 게 좋습니다. 그 단어를 모르면 앞으로도 문장 해석에 계속 곤란을 겪게 될 것이기 때문입니다. 거꾸로 그 단어의 뜻을 숙지해두면 그 단어를 외우는 것은 그리 어렵지 않습니다. 페이지마다 그 단어가 등장하기에 자연스럽게 사귀게 되고, 이후 그 뜻에 익숙해지기 때문입니다. 중요한 단어란 그 글에서 자주 반복되는 단어를 뜻합니다.

중요한 단어라고 생각될 때는 그 단어의 뜻을 명료하게 해야 합니다. 독서를 하면서 메모하고 노트를 만들면 중요한 단어에 주목하게 됩니다. 문장 중 자주 나오는 단어에 주목하는 것은 좋은 습관입니다. 자주 나오는 단어가 있다면 그 단어의 이름을 기억하고, 그 단어의 뜻을 묻는 것도 좋습니다.

중요 단어를 명료하게 정의할 때 우리는 머릿속에 일종의 사전을 만들게 됩니다. 분야별로 중요 단어를 점검하는 가운데 자신의 정신 사전을 만들라는 것입니다. 단어 읽기란 중요 단어에 정의를 내리면서 책을 읽는 것입니다.

'정의(定義)'란 주어진 단어를 쉬운 단어로 서술하거나 묘사하는 것입니다. 예를 들어 의자를 정의할 때 그 단어보다 쉬운 단어들로 구성된 설명이 있어야 합니다. 중요한 것은 책을 읽거나 일상적 삶에서 내가 접하는 그 단어에 대해서 정의를 내리면서 읽는 훈련을 하는 것입니다. 그렇게 되면 단어부터 내 말로 표현하는 것이 가능해집니다.

그런데 쉬운 단어일수록 정의를 내리기가 어렵습니다. 어려운 단어라면 쉬운 단어로 설명할 수 있습니다. 그런데 쉬운 단어는 정의를 내릴 길이 없습니다. 우리는 '동쪽'을 어떻게 정의할 수 있을까요? 서로 다른 단어들 사이의 상호관계를 갖고 정의를 내릴 수 있습니다. 동쪽은 서쪽과의 대칭관계 속에서 정의가 내려져야 합니다. 이렇게 단어들의 관계 속에서 그 단어의 정의를 내리게 될 때 사고가 작동하며 정신 근육도 튼튼해집니다.

우리는 단어에 대해 잘 알지 못하기에 문장의 뜻을 건성으로 이해합니다. 대부분의 사람들은 자신이 사용하는 단어의 의미를 제대로 알지 못합니다. 따라서 평소에 접하는 단어에 대해 스스로 정의를 내리고, 그 뜻을 명료하게 하면서 글을 읽는 것이 중요합니다.

상상력을 발휘하고 자신의 관점을 명료하게 하는 것은 기본 단어를 확실하게 장악하는 것에서부터 출발합니다. 공부의 비밀은 가까운 곳에 있습니다. 우리가 자주 사용하는 단어, 곧 중심 단어들을 제대로 파악하는 데 공부의 비밀이 있습니다. 심오한 단어를 몰라서 상상력을 전개하지 못하는 것이 아닙니다. 평소 사용하는 단어들을 제대로 알지 못하기 때문에 다음 단계의 사고가 진전되지 않는 것입니다.

우리가 주의 깊게 읽고, 반복하고, 축적하면 핵심적인 단어들이 반복해서 등장한다는 것을 발견하게 됩니다. 그때 우리는 그 단어가 무슨 뜻이며, 그 단어들 사이에는 어떠한 관계가 있는지를 파악하면 됩니다. 이는 화학자가 원소주기율표를 배우는 것과 같습니다. 화학자는 원소의 결합을 통해 모든 사물을 표현할 수 있습니다.

우리는 세상의 모든 것을 알 수도 없고, 그것들을 다 배워야 하는 것도 아닙니다. 중요한 것은 핵심적인 요소들을 파악하는 것이며, 그 요소들의 조합을 통해 새로운 시각을 전개하는 것입니다. 새로운 시각의 전개에서 중요한 것은 '단어 읽기'입니다. 이 세상에서 정말 중요한 단어는 그렇게 많지 않습니다.

　학문적 논쟁을 하거나 일상적 토론 가운데 격론을 벌일 때가 있습니다. 대개 토론이 답보 상태일 때는 토론에 사용되는 핵심 단어에 대해 합의가 이루어져 있지 않기 때문입니다.

　기본적인 개념을 명료하게 할 때 토론의 돌파구가 열리는 경우가 있습니다. 만일 토론에서 정체 상황이라고 여겨진다면 상대방이 자주 사용하는 단어를 주목하고, 그 단어가 어떤 뜻인지 묻는 것이 좋습니다. 우리는 종종 자신이 자주 사용하는 단어의 의미를 제대로 밝히지 못합니다. 중심 단어의 의미에 대해 질문을 받는 순간 그 개념에 대해서 숙고하게 되며, 그 숙고 과정에서 우리가 놓친 것을 포착하거나 새로운 해결 방법을 발견하게 됩니다.

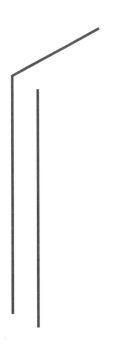

쟁점과 대안을
찾아라

'어떻게 책을 읽을 것인가'에 대한 내용을 정리하면 다음과 같습니다.

첫째, 금방 까먹을 것은 읽지도 마라.

둘째, 메모하고 노트를 만들어라.

셋째, 반복하고 활용하라.

넷째, 중요 단어를 정복하라.

이번에는 다섯째 도움말 '쟁점과 대안을 찾아라'에 대해 이야기해보려 합니다. 독서를 할 때는 먼저 자신의 영역에서 핵심적 쟁점과 대안을 파악한 뒤에 하는 것이 중요합니다. 쟁점과 대안에 익숙해질 때 우리는 비판적 논쟁에 참여할 수 있고, 자신의 논점을 전개할 수도 있습니다.

공부하면서 꽤 많은 사람들이 좌절감을 느낍니다. 읽어야 하는 책이 너무 많기 때문입니다. 게다가 배워야 할 이론도 허다합니다. 읽어도 이해되지 않고, 이해한 것들도 쉽게 잊어버리게 됩니다.

공부를 하는 과정에서 허탈감이 들 때도 많습니다. 이 모든 책을 언제 다 읽고, 이 모든 이론을 언제 다 파악할 수 있을지 의문이 듭니다. '공부하는 데 끝이 있을까? 끝은 없을지라도 반환점은 있어야 하지 않을까? 공부하기에 나는 너무 무능한 건가?' 숱한 고민이 고개를 쳐듭니다.

하지만 우리가 알아야 할 사실이 있습니다. 개별적으로 볼 때 이 세상에는 수없이 많은 이론과 학설이 있습니다. 수없이 많은 책들과 저자들도 있습니다. 하지만 쟁점과 대안을 중심으로 볼 때 이 세상에는 그렇게 많은 선택이 있는 것은 아닙니다. 이런 사실에 대해 깨달음을 얻게 되면 공부의 여정에서 자유로워질 수 있습니다.

세상에는 수많은 학설이 있고 수많은 사상가가 있습니다. 하지만 정말로 중요한 문제는 그리 많지 않습니다. 어느 학문이나 그 학문적 분야에서 정말 중요한 쟁점과 그 쟁점에 대해 선택 가능한 대안은 그 수가 제한되어 있음을 발견하게 됩니다.

여기서 논쟁이 가능한 중요한 문제를 '쟁점(爭點)'이라고 하며, 어떤 쟁점에 대해서 선택 가능한 서로 다른 입장을 '대안(代案)'이라고 합니다. 기억해야 할 것은 중요한 쟁점이나 대안의 숫자는 무한히 넓혀지는 것이 아니라 제한되어 있다는 점입니다.

우리는 세상에 출간된 모든 책을 읽을 수는 없습니다. 반드시 그렇게 해야 하는 것도 아닙니다. 중요한 것은 중심이 되는 쟁점을 먼저 알아내고, 그 쟁점에 대해 어떤 선택 가능한 입장이 있는지를 파악하면서 독서를 하는 것입니다. 그때 우리는 비판적 성찰 과정에 보다 더 능동적으로 참여할 수 있게 됩니다.

저는 공부 과정 초기에 비판의 방법을 몰라 어려움을 겪었습니다. 제가 제일 잘했던 것은 사지선다형 가운데 하나의 답을 맞히는 것이었습니다. 그 다음으로 잘했던 것은 단답형 시험이었습니다. 반면 가장 못했던 것은 저자의 글을 읽고 비판하면서 나의 독창적인 이야기를 전개하는 것이었습니다.

유학 중에 숙제에 관해 교수님으로부터 들었던 조언이 있습니다. 교수님은 숙제를 보고 "책 내용만 요약하지 말고 책을 비판한 여러분들의 독창적인 의견을 써보세요"라고 했습니다. 교수님은 저희들에게 창의적(creative)이며 독창적(original)인 내용을 원하셨던 것입니다.

그날 저는 집으로 돌아오면서 얼마나 상심했는지 모릅니다. '아, 내가 어떻게 책을 비판할 수 있을까? 그런데 왜 나보고 책에 대해 비판하라고 하실까? 다 옳은 이야기니까 책에 쓰인 거 아닌가? 책 내용을 비판하라니 도대체 어떻게 하라는 거지?'

뒤늦게 알게 된 점은 옳은 내용이라고 비판의 여지(餘地)가 없다는 것은 아니라는 사실이었습니다. 저는 이 세상에는 수없이 많은 관점이 있다는 것을 알게 되었습니다. 사람의 관점은 언제나 유한합니다. 따라서 어느 지점에서부터 논점을 전개해야 하며, 그 논점은 다른 논점에서 볼 때는 언제나 비판 가능하다는 것을 깨닫게 되었습니다.

대부분의 책들은 그 분야에서 전문가로 활동한 저자의 결실입니다. 그러다 보니 우리는 저자의 책을 쉽게 비판하기 어렵습니다. 그때 우리가 사용할 수 있는 방법이 전제 비판입니다. '전제 비판(assumption critique)'이란 저자가 자신의 논점을 전개하는 첫 출발점을 묻는 것입니다. "당신은 왜 하필이면 거기서부터 출발합니까?"

저자는 어디에선가부터 자신의 논지를 시작해야 합니다. 모든 건물이 기초 위에 세워지듯이 우리의 주장도 어떤 출발점을 갖고 있습니다. 대부분은 자신의 출발점을 당연시하기에 우리는 저자에게 이 물음을 던질 수 있습니다. '당신은 왜 그 지점에서부터 출발합니까?' 출발점에 대한 근거를 묻고 그 타당성에 문제를 제기하는 것을 우리는 '전제 비판'이라고 말합니다.

우리는 책을 읽을 때 항상 그 저자가 어느 기초 위에 사고의 집을 짓고 있는가를 유심히 관찰해야 합니다. 저자의 기초는 이 시대의 시대정신인가, 아니면 자신의 생각인가, 아니면 특정한 이데올로기인가를 살펴야 합니다. 바로 이것이 전제 비판을 활용하는 방법입니다.

우리는 전제 비판을 활용한 비판적 독서를 하면서 저자의 관점을 파악하고, 우리의 관점도 풍요롭게 만들 수 있습니다. 쟁점을 파악하고 대안을 찾아나가는 독서를 하게 될 때, 우리는 비판적 독서가 상대를 공격하기 위한 것이 아니라 우리가 선택할 수 있는 자유를 확장하는 책 읽기의 방법임을 알게 됩니다.

고전의 중요성

쟁점과 대안을 파악하는 독서를 할 때 우리는 모든 책을 다 읽어야 한다는 부담에서 벗어날 수 있습니다. 또한 고전의 중요성에 대해 다시 깨닫게 됩니다. 비록 읽어내기가 힘들 때도 있지만 고전을 읽는 것은 중요합니다.

　고전이란 무엇일까요? 마크 트웨인은 고전이란 "누구나 읽어야 한다고 인정하지만 실상은 아무도 읽지 않는 책"이라고 익살스럽게 말했습니다. '고전(古典)'은 시간의 검증을 통과한 책으로서 중요한 쟁점에 대해 핵심적인 입장을 대변하는 책을 뜻합니다. 고전은 중요한 대안의 숫자를 확장시켰거나 아니면 이전까지의 입장들보다 더 설득력 있게 기존 입장을 대변했을 때 사람들이 붙여주는 이름입니다.

고전 읽기는 왜 중요할까요? 수없이 많은 이유가 있지만 세 가지가 중요합니다.

첫째, 고전을 읽음으로써 우리는 시대의 유행에 함몰되지 않을 수 있습니다. 이는 고전이 시간의 검증을 통과한 책이기 때문입니다.

다수 사람들의 눈에 확실해 보이는 많은 것들은 일시적인 유행에 불과합니다. 우리는 흔히 과거의 책들을 고루한 것으로 여기고, 현대에 유행하는 것들은 새롭고 멋진 것이라고 생각합니다. 시대에 뒤떨어진 것은 사람들에게 불신의 근거가 됩니다. 하지만 시간이 흐르면 현재의 유행도 곧 사라질 것입니다. 우리는 시간의 검증을 통과한 고전을 읽음으로써 특정 시대의 예속에서 벗어나는 사람이 될 수 있습니다. 이는 여러 곳을 여행한 사람이 자신이 속한 고장의 지역적 한계에 예속되지 않는 것과 비슷합니다.

둘째, 고전을 읽음으로써 우리는 현 시대의 전제로부터 벗어날 뿐만 아니라 다른 대안들을 검토하는 가운데 더 자유롭고 풍성한 시각을 회복할 수 있습니다. 이는 고전이 중요한 쟁점을 다룸에 있어서 새로운 대안을 제시한 책이기 때문입니다.

스스로 자유롭게 생각했다고 여기지만 우리의 생각은 특정 방향으로 기울어져 있고 제한되어 있습니다. 누군가의 표현대로, 우리는 어항 속의 물고기처럼 자유롭습니다. 우리는 어느 곳이든 다닌다고 생각하지만, 우리의 사고는 어항의 특정 경계 안에 갇혀 있습니다. 고전을 읽음으로써 우리는 우리 시대에 통용되는 지적인 풍토를 무비판적으로 수용하지 않고 넘어설 수 있는 가능성을 얻게 됩니다. 이전 시대에 통용되었고, 지금도 울림이 있는 가능성을 진지하게 검토하게 됩니다. 과거에 대한 정통한 이해를 통해 더 다양한 대안에 노출될 때 우리에게는 더 자유로운 선택의 가능성이 열릴 것입니다.

셋째, 고전을 읽음으로써 우리는 더 높은 곳에서 조망할 수 있으며, 더 멀리 볼 수 있는 혜택을 누리게 됩니다. 고전이 히말라야에 해당한다면, 대중 서적은 언덕에 비유될 수 있습니다.

현재 유행하는 상당수의 책들은 독창적 음성(音聲)이 아니라 메아리와 같습니다. 이미 고전적인 책들이 설정해놓은 방향과 입장 가운데 일부만을 선택해 쉽게 채색한 책이 대중 서적입니다. 지난 여러 세대가 퇴적물처럼 쌓이면서 우리에게 더 높은 고지와 토대를 제공해준 사유의 결과가 고전 속에 담겨 있는 것입니다.

소설《장미의 이름》에서 윌리엄 수도사는 '거인의 시대'가 사라졌다는 니콜라의 탄식에 이렇게 대답합니다.

> "그래요, 우리는 난쟁이들입니다. 그러나 실망하지 마세요. 우리는 난쟁이는 난쟁이되, 거인의 무등을 탄 난쟁이랍니다. 우리는 작지만, 때로는 거인들보다 더 먼 곳을 내다보기도 한답니다."

우리는 지금까지 책을 접하는 데 있어서 도움이 되는 몇 가지 지침에 대해서 살펴보았습니다. 다시 정리해보면 다음과 같습니다.

첫째, 금방 잊힐 것들은 너무 많이 읽지 않는 것이 중요합니다. 이는 집중력을 높이기 위함입니다.

둘째, 메모하고 노트를 만들면서 읽는 것이 중요합니다. 이는 내가 스스로 적어나가는 과정에서 기억력이 향상되며, 보존과 활용의 가능성이 높아지기 때문입니다.

셋째, 내가 노트한 내용을 반복적으로 활용해야 합니다. 이는 반복과 활용의 과정을 통해서 내가 발견한 지혜가 내 속으로 스며들고 물들기 때문입니다.

넷째, 독서를 할 때는 중요한 단어를 파악한 뒤에 핵심적인 단어 읽기를 하면서 책을 읽는 것이 중요합니다. 모든 것은 기본에 의해 그 내용이 규정되기 때문입니다.

다섯째, 책을 읽을 때는 쟁점과 대안을 파악하는 것이 유익합니다. 이는 쟁점과 대안을 통해 비판적 성찰을 할 수 있으며, 자신의 논점을 전개할 수 있기 때문입니다.

추가로 고전 읽기도 중요합니다. 고전을 읽음으로써 우리는 시대의 유행에 함몰되지 않고 더 높이, 더 멀리 내다볼 수 있는 시각을 가질 수 있기 때문입니다.

CHAPTER 4

공부한 내용을
어떻게 활용할까

생각하라

우리는 지금까지 왜 공부해야 하는지, 어떤 대상을 찾아 공부해야 하는지, 책은 어떻게 읽을지에 대해 살펴보았습니다. 지금부터는 우리가 책을 통해 공부하고 습득한 것들을 어떻게 활용할 수 있는지에 대해서 살펴보도록 하겠습니다. 생각하고, 반복하고, 축적하고, 발표하는 행위들을 통해서 내게 낯선 것들이 어떻게 내 존재의 일부분이 될 수 있는지,

———   ——

또 활용의 과정을 통해 우리가 소비자의 역할에서 어떻게 유통자와 생산의 역할도 감당할 수 있는지에 대해서도 함께 생각해보고자 합니다.

우리가 공부한 자료들을 활용하기 위한 첫 번째 도움말은 '생각하고 상상력을 기르라'는 것입니다. 어떤 자료를 30분 동안 읽는다면 반드시 30분 이상 생각하는 훈련을 하는 것이 좋습니다. 점차적으로 생각하는 시간을 더하고, 읽는 시간의 비율을 줄이는 것이 좋습니다.

만일 생각할 시간을 확보하지 못한다면 1년에 10장의 자료만 접한다고 하더라도 우리는 현재의 역량에 비해서 과하게 읽고 있는 것입니다. 독서가 더 잘될수록 읽는 시간을 줄이고 생각하는 시간을 더 늘려야 합니다. 물론 이는 비율의 문제이지 물리적 시간의 문제가 아닙니다.

만약 공부한 자료들을 읽기만 하고 생각하고 소화하는 과정을 확보하지 않는다면 우리는 시간을 낭비하고 있는 것입니다. 비상한 기억력의 소유자가 아닌 이상 단지 읽고 잊어버리기만 더하는 것은 망각의 습관에 도움이 될 뿐입니다. 수없이 많은 강의를 듣고 책이나 자료를 접했는데도 내 안에 별 뾰족한 지식 체계가 세워지지 않은 것도 결국 능동적으로 생각하는 훈련이 되어 있지 않기 때문입니다. 우리의 지식이나 지혜가 크게 진보하지 않은 것은 생각의 결여 때문입니다.

오스왈드 샌더스(Oswald Sanders)는《영적 지도력》에서 이렇게 말했습니다.

"여러분들이 갖고 있는 책들을 통달하십시오. 그 책들을 철저하게 읽으십시오. 여러분들이 그 책에 몰두될 때까지 그 책 속에 흠뻑 잠기십시오. 그것들을 읽고 또 읽으십시오. 씹어서 소화될 때까지 그 책들이 바로 여러분 자신이 되게 하십시오. 좋은 책을 여러 번 정독하고 그것을 필기하고 분석하십시오. 20권의 책을 대충 훑어보는 것보다 한 권의 책을 완전하게 이해함으로써 정신적인 구성이 더욱 더 영향을 받게 된다는 것을 우리는 알고 있지 않습니까? 서두르는 독서는 조금 배우고 크게 뽐내는 결과만을 가져옵니다. 어떤 사람들은 많은 양의 독서에 치중하다가 묵상하는 것을 멀리함으로써 결국 독서 자체가 무익한 것이 되고 맙니다. 독서에 관한 여러분의 좌우명은 '풍부하게, 수적으로는 많지 않게(much, not many)'가 되도록 하십시오."

예전에 어떤 잡지에서 책에 관련된 우스갯소리를 본 적 있습니다. 시중에 출판되는 수많은 책들 중 반 이상은 팔리지 않는다고 합니다. 그리고 팔린 책의 반 이상은 팔리기만 했을 뿐 실제로 읽히지 않는다는 것입니다. 설상가상으로 독자에 의해 읽힌 책의 반 이상은 해석이 되지 않는다고 합니다. 여기서 끝이 아닙니다. 가장 안타까운 사실은 마지막 부분입니다. 상당수 독자들에 의해 이해하고 해석되었다는 내용의 반 이상은 잘못 해석된 것이라는 사실입니다.

이런 안타까운 상황으로 내몰리지 않으려면 어떻게 해야 할까요? 많이 읽거나 쌓아두긴 하지만 전혀 기억되지 않고, 내 속으로 입력되기는 했으나 제대로 활용되지 않을 때 어떻게 이 문제를 해결할 수 있을까요?

생각의 틀

이런 문제를 해결하기 위해서는 특정한 자료를 접하기 전에 '생각하는 훈련'을 해야 합니다. 생각하는 훈련은 책을 읽기 전부터 시작되어야 합니다. 책을 읽기 전에 먼저 제목이나 목차를 보면서 어떤 내용이 펼쳐질지 미리 그려보는 것이 중요합니다. 강의를 듣기에 앞서 스스로 호기심을 펼치는 연습을 하는 것도 도움이 됩니다.

예를 들어 리처드 도킨스의 《이기적 유전자》를 읽기로 했다면 먼저 스스로 '생각'을 해야 합니다. '도대체 유전자란 무엇일까?' '유전자가 이기적이라는 것은 어떤 의미일까?' 책을 읽기 전에 친구들과 이야기를 나누는 것도 방법입니다. 이런 대화를 나눌 때 우리의 정신은 '유전자'에 관한 생각의 틀(Mindset)을 형성하게 됩니다.

생각의 틀을 형성한 뒤에 책을 읽는 것과 아무런 정보나 생각 없이 책을 읽는 것 사이에는 엄청난 차이가 있습니다. 동일한 자료를 접한다고 해도 모든 사람이 다 동일한 내용을 동일한 양으로 흡수하는 것은 아닙니다. 자료는 생각하는 것에 따라 흡입력에 많은 차이가 납니다.

생각의 틀을 형성한 사람은 스펀지 같은 자세로 자료에 접근하는 사람입니다. 그런 사람은 책의 샘물에서 많은 것들을 흡수하며, 흡수한 것들은 그의 존재 깊숙한 곳에 이르게 됩니다. 반면 돌덩이와 같은 자세로 자료에 접하는 사람은 많은 것을 획득하지 못하게 됩니다. 이처럼 우리가 생각의 틀을 형성하느냐의 문제는 우리의 흡입력에 큰 차이를 가져옵니다.

생각의 틀이 흡입력에 얼마나 큰 영향을 미치는지는 일상생활에서도 쉽게 알 수 있습니다. 만약 우리가 구두를 한 켤레 사기로 했다고 합시다. 그러면 그 순간부터 다른 사람들이 어떤 구두를 신었는지가 눈에 들어오기 시작합니다. 구두 매장에 갈 때까지 우리의 눈에는 구두 흡입력이 생기는 것입니다. 이는 생각의 틀이 구두에 관한 흡입력을 향상시켜 주는 역할을 했기 때문입니다.

흡입력 향상을 위해서는 자료를 접하기 전뿐만 아니라 자료를 활용하는 과정에서도 능동적으로 생각하는 자세가 필요합니다. 이런 의미에서 좋은 자료란 무작정 진도가 잘 나가는 자료가 아닙니다. 손에 들었을 때 첫 페이지부터 마지막 페이지까지 일사천리로 페이지를 넘길 수 있는 책은 별로 좋은 책이 아닙니다.

정말 좋은 책은 오히려 진도가 잘 나가지 않는 책입니다. 진도가 잘 나가지 않는다는 것은 그 책이 생각을 많이 촉발시킨다는 것입니다. 책을 읽다가 잠시 멈춘 다음 읽은 문장을 다시 읽으며 음미하거나 이전 페이지로 돌아가 생각을 정리하게 합니다. 물론 잘 쓰인 글이 아니라서 진도가 안 나가는 책은 해당 사항이 되지 않습니다.

책이란 사고를 촉발시키는 역할을 하는 매개체이지 그저 진도를 나가기 위해 존재하는 것이 아닙니다. 좋은 책이란 꼬리에 꼬리를 물고 '왜?', '어떻게?' 등 계속적으로 생각이 일어나 다음 페이지로 넘어가지 못하게 하는 책입니다. 마크 트웨인 역시 "당신에게 가장 필요한 책은 당신으로 하여금 가장 많이 생각하게 하는 책이다"라고 했습니다. 따라서 시간과 횟수를 더해가면서 좋은 자료와 씨름하게 될 때 우리는 생각의 지평을 넓힐 수 있습니다.

생각하는 훈련은 책을 읽기 전과 책을 읽는 과정에도 해당되지만, 책을 읽은 후에도 적용되어야 합니다. 우리는 책을 읽은 후에도 읽은 내용에 대해 되새김질해야 합니다. 주어진 자료에 대해 되새김질하며 연결하는 것은 생각 훈련에 큰 도움이 됩니다. 최종적인 사색의 과정에서 능동적으로 접근할 때 우리는 읽은 자료를 효과적으로 보존하고 효율적으로 활용할 수 있습니다.

읽기와 쓰기

대부분의 사람들은 더 많은 책들을 읽기를 원합니다. 우리는 책을 많이 읽지 못한 것에 대해 자책감을 갖고 있습니다. '책을 많이 읽고 싶은데 실제로는 많이 못 읽고 있다'는 마음이 있습니다. 바쁜 일상에 여유 시간조차 갖기 힘들다는 이유로 책을 많이 읽지 못하는 데 대해 안타깝게 생각합니다.

저도 더 많은 책을 읽지 못하는 것에 대해 안타까워할 때가 있었습니다. 지금도 더 많은 책을 읽지 못하는 것을 아쉬워하지만 예전에는 그 정도가 훨씬 더 심했습니다. 나의 공부 여정에 대해 자신감이 없었기 때문에 책을 많이 읽지 못하는 것에 대해 자책감이 있었습니다.

우리는 많은 양의 책을 읽은 이들을 부러워하기도 합니

다. 하지만 책을 무작정 많이 읽는 것이 독서의 목표는 아닙니다. 책을 많이 읽기만 하는 것은 자료를 많이 모으는 것과 같습니다. 책을 읽는 것은 장보기에 비유할 수 있습니다. 만일 어느 집에 저녁 식사 초대를 받았다고 합시다. 집주인은 음식을 준비하기 위해 엄청난 양의 재료를 사 왔습니다. 그런데 막상 그 집에 가보니 변변한 밥 하나, 국 하나 내놓지 못하고 있었습니다. 이런 상황이라면 누가 그 주인을 칭찬할 수 있겠습니까.

우리는 별로 결실이 없는데도 그저 책을 많이 읽었다고 하면 칭찬하는 경향이 있습니다. 어찌된 일인지 강의 내용이 신통치 않아도 책을 많이 읽었다고 말하면 그를 칭찬합니다. 어떤 사람은 책을 많이 읽어서 심오하기 때문이라고도 합니다.

책을 많이 읽은 사람을 보고 주눅 들 필요는 없습니다. 중요한 것은 무작정 입력하는 것이 아닙니다. 정보나 자료가 입력된 뒤에 체계적으로 보존하고 실제적으로 활용하는 것이 더 중요합니다. 얼마나 보존하고 있으며, 얼마나 유용하게 활용하고 있는지가 중요합니다. 단지 몇 권을 읽었다는 숫자는 중요하지 않습니다.

지식을 보존하고 활용할 때 '생각'을 하는 것은 필수적입니다. 만일 생각하지 않고 계속 읽기만 한다면 어떻게 될까요? 지적으로는 바보가 될 것이고, 존재로서는 노예가 될 것입니다. 생각하지 않은 채 읽거나 배우는 일에만 몰두한다면 우리는 타인이 없으면 생각할 수 없는 지적인 바보가 됩니다. 존재에 있어서는 다른 사람의 사상에 얽매여 있는 노예가 됩니다.

우리가 글을 잘 못 쓰는 이유는 필력 부족 때문만은 아닙니다. 생각의 부족 때문입니다. 글을 쓰지 못하는 사람은 막상 쓰려고 펜을 잡으면 아무 생각이 나지 않습니다. 말을 잘 못하는 경우도 단지 언변이 모자라기 때문이 아닙니다. 기본적으로 생각의 부족 때문입니다. 우리가 표현을 제대로 못하는 것은 마이크를 잡은 그 순간에 아무 생각이 나지 않기 때문입니다.

학교 공부에서 성적이 좋지 않는 것도 생각과 연관되어 있습니다. 시험 성적이 좋지 않은 학생들은 실력이 없는 것이 아닙니다. 그들도 많은 것을 알고 있습니다. 하지만 막상 시험지를 받으면 아무 생각이 나지 않습니다. 그래서 몇 글자 쓰지 못하게 되는 것입니다. 그러므로 우리는 생각하기를 훈련해야 하는데, 이는 상상력의 훈련을 의미합니다. 다르게 표현하자면 '생각하라'는 것은 '상상력을 기르라'는 것을 뜻합니다.

상상력을 발휘하라

상상력은 무엇일까요? 먼저, 상상력의 역할은 눈앞에서 전개되는 혼돈스러운 자료들 가운데 의미 있는 통찰들을 퍼 올리는 능력입니다. 상상력이 우리 안에 있을 때 우리는 혼돈 상태에 있는 자료들의 늪에서 의미 있는 통찰들을 퍼 올릴 수 있습니다.

다음으로, 상상력은 보이지 않는 것을 생생하게 보이도록 만드는 역할도 담당합니다. 상상력(想像力)이란 의미 있게 형성된 이미지들을 서로 연결해서 입체적 집을 짓는 능력입니다. 즉 상상력은 보이지 않는 생각의 집을 짓는 능력입니다.

"구슬이 서 말이라도 꿰어야 보배"라고 합니다. 상상력은 산만하게 흩어진 구슬들을 꿰어주는 역할을 합니다. 상상력 없는 공부하기란 실을 발견하지 못한 구슬 모으기에 불과합니다. 상상력의 작용이 없다면 이미지는 파편으로 남아 쉽게 잊힙니다. 상상력을 펼치는 작용을 통해 우리는 조각으로 흩어진 상징이나 개념들을 하나로 연결할 수 있습니다. '상상력'을 전개할 때 '감각적 구슬'들은 '정신적 실'에 의해 연결되는 것입니다.

자료를 접할 때 상상력을 발휘하면 표면을 보는 가운데 이면(裏面)을 들여다볼 수 있습니다. 소리를 듣는 가운데 마음을 파악할 수 있습니다. 상상력을 통해 심층과 이면을 보는 사람은 시대의 징조를 분별하고, 내일을 위한 개척자의 역할을 감당할 수도 있습니다.

우리는 읽고 흡수한 것들을 능동적으로 연결해야 하며, 그 연결의 과정 가운데 상상력을 발휘해야 합니다. 우리에게 찾아온 지식과 정보들에 상상력의 날개를 달아줄 때, 그것은 고유한 색깔을 띠게 되면서 나의 미래를 형성하는 데 기여하게 됩니다.

상상력이 중요하다는 사실은 두 번 창조의 원리를 통해서도 확인됩니다. 이 세상에 창조된 모든 것들은 두 번 창조됩니다. 건물의 경우 설계하는 사람의 머릿속에서 한 번 창조

되고, 그 창조의 그림이 건축가에 의해 시간과 공간 가운데 모습을 드러내면서 두 번째 창조됩니다. 우리가 읽는 책 역시 두 번 창조됩니다. 먼저 저자의 머릿속에서 창조되고, 후에 인쇄된 모습으로 창조됨으로써 독자들의 눈앞에 모습을 드러냅니다.

이처럼 모든 것은 두 번 창조됩니다. 먼저 그것을 꿈꾸고 생각하는 사건이 있었습니다. 그 다음 그것을 시간과 공간 안에 구체적으로 드러낸 사건을 통해 창조됩니다. 여기에서 첫 번째 창조를 가능하게 하는 것이 곧 '상상력'입니다.

문제는 우리가 상상력을 부정적인 방향으로 사용하거나 공상(空想)으로만 사용하고 있다는 사실입니다. 상상력을 훈련하고 훈련된 상상력을 펼칠 수 있다면 우리는 훨씬 더 높은 곳을 바라볼 수 있으며, 훨씬 더 많은 것들을 활용할 수 있을 것입니다.

한 가지 중요한 사실을 강조하자면, 우리는 상상력이 결여된 존재가 아니라는 것입니다. 상상력은 누구에게나 있습니다. 어떤 사람들은 상상력이 없다고 하는데 이는 사실이 아닙니다. 인간은 가능성의 존재로서 모든 사람들에게는 상상력이 풍부합니다.

———   ———

단지 우리가 그 가능성을 사용하지 않거나 주로 부정적 영역에 사용할 뿐입니다. 스스로 상상력이 빈약하다고 생각하는 사람은 자신의 상상력을 확인해보길 바랍니다. 상상력을 확인하는 방법은 간단합니다. 자신의 경험을 떠올려보면 됩니다. 특히 거짓말을 했을 때 그것을 감추기 위해 생각해냈던 생각의 가짓수를 한번 헤아려 보십시오. 그때 얼마나 풍부한 상상력을 가지고 있었습니까!

우리에게 필요한 것은 상상력을 새로 만들어내는 것이 아닙니다. 우리 안에 이미 있는 상상력을 훈련하는 것입니다. 반복의 도움을 받아 우리는 상상력을 충분히 훈련할 수 있습니다.

반복하라

자료 활용을 위한 두 번째 원칙은 '반복하라'입니다. 사람은 생각하는 것이 중요하고, 생각은 상상력으로 연결되어야 하며, 그 상상력은 훈련된 상상력이 되어야 함을 강조했습니다. 그때 우리는 혼돈 상태에 있는 자료들을 의미 있는 자료로 변환시킬 수 있습니다. 우리 안의 다양한 자료들을 나의 창조적 행위를 위한 재료로 변환시킬 때 우리는 반복하기의 도움을 받을 수 있습니다.

생각을 할 때는 구체적으로 '생각의 대상'이 있습니다. 생각의 대상이 없으면 생각할 수가 없습니다. 우리가 올바로 사고하지 못하는 이유는 우리의 정신 속에서 생각의 대상이 아직 명료해지지 않았기 때문입니다. 그런 상황에서 너무 많은 자료를 대책 없이 받아들이는 것은 사고를 흐리멍덩하게 만듭니다. 자료를 무작정 흡입하기만 하면 능동적으로 생각을 전개할 수 없습니다.

이때 필요한 것이 바로 '반복'입니다. 우리는 반복함으로써 내가 무엇을 모르는지를 분명히 알게 됩니다. 아는 것이 없는데도 불구하고 반복하지 않으면 오히려 안다고 착각하게 됩니다. 중요한 단어를 반복해서 머릿속에 넣어둔 후 질문을 던질 때 불분명한 지식이 확실한 지식이 됩니다.

'이 단어의 뜻이 무엇이었지?' '두 단어 사이의 관계는 어떠했지?' 이렇게 질문할 때 우리는 무엇을 모르는지 분명히 알게 되고, 견고한 지식을 얻게 됩니다.

왜 반복이 중요할까요? 새로운 것을 더 많이 배워야 하는데, 같은 것을 반복하는 것은 시간 낭비라고 생각할 수 있습니다. 같은 내용을 보고 들으면 지루할 것이라고 속단하기도 합니다. 이는 반복에 대한 오해이며, 새로운 것을 배우는 과정에 대한 착각에서 비롯되는 것입니다. 같은 내용을 본다고 할지라도 내 안에서 새로운 생각이 떠오른다면 새로운 장면을 볼 수도 있고 새로운 것을 그려낼 수도 있습니다.

우리는 간혹 어떤 한 가지를 꽤 오랫동안 실천했음에도 불구하고 진보나 발전이 없는 경우를 경험합니다. 왜 그럴까요? 나름대로 부단히 노력했는데 아무리 시간이 흘러도 결과가 나아지지 않습니다. 쌓이고 모이는 것이 있어야 하는데 오히려 퇴보하는 느낌마저 듭니다. 이런 상황에 처했을 때는 원인에 대한 올바른 진단이 필요합니다. 원인에 대한 진단이 잘못되는 경우 시간과 횟수의 도움을 받을 수 없기 때문입니다.

그 원인을 파헤쳐보면 우리가 아직 '하나'도 제대로 하지 못하기 때문입니다. 여기에서 '하나'란 말 그대로 1.0을 의미합니다. 하나도 제대로 하지 못한다면 여러 번 시도를 누적하더라도 좋은 결과가 나올 수 없습니다.

내가 한 번 시도하면 0.5만큼의 결과를 낳는다고 합시다. 이때 두 번 한다고 더 나은 결과가 나오는 것은 아닙니다.

0.5 곱하기 0.5는 0.25가 됩니다(0.5×0.5=0.25). 결국 나는 0으로 수렴하게 됩니다. 내가 아직 하나도 제대로 하지 못하면서 그것을 오래도록 했다고 자랑이 될 수는 없다는 뜻입니다.

제가 '학습'이라는 주제에 관심을 갖게 된 계기가 있습니다. 학위 과정에 있을 때 공부하는 것이 너무 어려웠습니다. 세미나를 위해 책을 읽는 것도 쉽지 않았고, 세미나에 능동적으로 참여하는 것도 어려웠습니다. 물론 언어의 문제도 있었습니다. 외국어로 공부하고 발표하는 것은 쉬운 일이 아니었습니다.

하지만 문제는 더 근원적인 곳에 있었습니다. '내가 공부하는 방법을 제대로 알고 있는가?'에 대한 회의가 들었습니다. 그래서 선생님들께 여쭤보고 싶었습니다. 선생님들을 집으로 초대해 식사를 하면서 평소 궁금한 내용들에 대해서 질문을 던졌습니다.

"저는 책 읽는 속도가 더딥니다. 책을 읽은 후에도 쉽게 잊게 됩니다. 선생님은 어떠신지요? 글을 쓰려고 하는데 쉽지 않습니다. 어떻게 해야 글을 잘 쓸 수 있나요?"

저는 식사를 하면서 틈틈이 질문했고, 선생님들로부터 들고 깨달은 내용을 노트에 적어두었습니다. 이런 과정을 시도해봄으로써 저는 제 자신에 대해 더 많이 알게 되었습니다. 질문도 구체적으로 변화했습니다. 처음에는 공부하는 방법을 배워야겠다는 단순한 생각이었습니다. 그런데 시간이 흐를수록 내가 보지 못했던 또 다른 나를 발견하게 되었습니다.

먼저 내가 한 문장을 해석하는 능력이 있는가를 묻게 되었습니다. 그러자 내가 독서를 하기 이전에 한 단어의 뜻을 제대로 모르고 있다는 사실을 깨닫게 되었습니다. 또 세미나에 능동적으로 참여하기 이전에 남의 이야기를 듣는 능력이 결여되었음을 인지하게 되었습니다. 발표를 잘하기 전에 말하는 방법이 서툴다는 것도 알게 되었습니다. 하나가 제대로 되어 있지 않아서 여러 번 시도해도 진전이 없다는 큰 깨달음을 얻게 된 것입니다.

지금 내가 하고 있는 노력은 아직 하나(1.0)가 아닙니다. 10분의 1이 될 수도 있고, 100분의 1이 될 수도 있습니다. 만일 한 번에 10분의 1 분량을 하고 있다면, 적어도 10번 이상을 반복해야 하나를 제대로 하게 됩니다. 만일 한 번에 100분의 1 분량을 하고 있다면, 적어도 100번 이상을 반복해야 하나를 제대로 하게 됩니다. 하나(1.0)를 제대로 하게 되면 그 다음에는 시간이 많은 것들을 해결해줍니다.

배움의 4단계

하나(1.0)를 제대로 학습하려면 배움의 4단계에 주목할 필요가 있습니다. 배움에는 4단계가 있습니다. 흔히 배움이란 '무지(無知)'에서 '지식(知識)'으로 가는 2단계로 구성되어 있다고 생각합니다. 그러나 지식 형성의 단계는 2단계가 아니라 4단계로 구성되어 있습니다.

먼저 '무지의 단계'가 2단계로 나뉩니다.

1단계는 '무지의 무지(ignorance of ignorance)' 단계로, 자기가 무엇을 모르는지도 모르는 상태입니다. 무엇을 모르는지조차 모르는 것처럼 사람을 태연하게 만드는 것도 별로 없습니다. 애석하게도 평생 1단계에서 살아가는 사람도 있습니다.

2단계는 '무지의 인식(recognition of ignorance)' 단계입니다. 2단계는 자기가 무엇을 모르는지는 알게 되는 단계입니다. 자기가 무엇을 모르는지 알게 될 때 인간은 관심과 호기심이 발동합니다.

1단계에서 2단계로 가는 것은 쉬운 일이 아닙니다. 한 예로 영어 공부를 한다고 합시다. 두 사람이 영어로 된 영화를 보고 있습니다. A가 말합니다. "지금 뭐라고 말하는 거니? 한마디도 못 알아듣겠어." 그러자 B가 말합니다. "저 장면에서 '컴 어게인(come again), 컴 어게인?' 하고 말하는데 무슨 뜻이지?"

두 사람의 청취 능력에는 적지 않은 차이가 있습니다. 영어 듣기 측면에서 보면 적어도 몇 개월 이상의 시간 차이가 있습니다. 무엇을 모르는지조차 모르는 1단계(A)에서 무엇을 모르는지는 알게 되는 2단계(B)로 넘어가려면 시간이 오래 걸립니다. '컴 어게인(come again)'이 귀에 들리려면 무수히 많이 들어야 합니다.

1단계에서 2단계로 넘어가는 데 필요한 것은 '반복'입니다. 아직 그 내용을 모른다고 할지라도 듣기를 계속해야 합니다. 모르는 내용이라 할지라도 계속 접촉하게 될 때 자신이 무엇을 모르는지를 인지하게 됩니다. 그 단어를 들을 수 있게 된 B는 호기심을 갖고 수십 번 이상을 들었기 때문에 그 단어를 포착할 수 있게 된 것입니다.

3단계는 '의식적 앎(conscious knowing)'의 단계입니다. 의식적 앎은 자기가 어떤 것을 아는지를 의식적으로 아는 단계입니다. 의식적 앎의 단계에 있을 때 지식은 나의 머리에는 담겨 있으나, 나의 손과 발까지 도달하지 못할 수 있습니다.

4단계는 '무의식적 앎(unconscious knowing)'의 단계입니다. 무의식적 앎의 단계는 '앎'으로 물들어 있는 단계입니다. 의식적인 노력을 기울이지 않아도 이미 그 지식이 몸에 배어 있는 단계입니다.

3단계에서 4단계로 넘어갈 때 필요한 것 역시 '반복'입니다. 이미 알고 있다고 생각한 것들에 대해서 계속 시간과 횟수를 더하는 노력이 누적되어야 합니다. 영어 회화를 공부한다면 많이 반복해서 들으면 들립니다. 한 권의 책을 수백 번 읽겠다고 결심한 후 줄기차게 읽으면 그 뜻이 드러납니다. 그러면 처음 볼 때 다르고, 두 번 볼 때 다르고, 세 번 볼 때 다른 것들이 보입니다. 물론 그 횟수는 사람에 따라 다릅니다.

물론 3단계에서 4단계로 넘어가는 것은 1단계에서 2단계로 넘어가는 것과 마찬가지로 쉬운 일이 아닙니다. 운전을 예로 들면 이해하기 쉬울 것입니다. 운전을 배워 처음으로 자동차를 운전하는 사람은 차에 탄 그 순간부터 주차하고 내릴 때까지 운전 외에는 아무런 생각을 할 수가 없습니다. 그의 머릿속에는 오로지 자동차 운전에 관한 생각으로 가득 차 있습니다.

그러나 4단계의 지식을 가진 사람은 다릅니다. 4단계의 지식을 가진 사람은 운전을 자기 몸의 일부로 체득하고 있습니다. 한순간도 놓치지 않고 운전에만 집중하지는 않습니다. 운전은 이미 그의 몸의 일부가 되어 편안합니다.

여기서 3단계와 4단계의 다른 점이 또 하나 있습니다. 3단계의 지식을 가진 사람은 대개 자랑을 많이 합니다. 처음 운전을 배운 사람은 무슨 이야기를 해도 운전 이야기로 넘어가기를 원합니다. 누군가를 만났을 때도 자신의 첫 주행에 대해 쉴 새 없이 떠들어댈 수 있습니다. "너, 자동차 핸들 잡아본 적 있니? 왼쪽으로 회전할 때 진짜로 왼쪽으로 몸이 쏠리더라."

반면 4단계의 지식을 가진 사람은 자신의 지식을 굳이 드러내려고 하지 않습니다. 무의식적 앎은 지식이 몸에 그대로 배어 있어 자연스럽기 때문입니다. 4단계의 지식은 단지 머리에 머무는 지식이 아니라 손과 발, 온몸에 완전히 물든 지식입니다.

반복이 기적을 낳는다

계속 강조하고 있지만 여러 책을 건성으로 읽기보다 중요한 책을 반복해서 읽는 것이 더 중요합니다. 우리는 반복을 통해 생각하는 훈련을 쌓을 수 있으며, 그 과정에서 우리 안에 있었던 공상적 상상력이 훈련된 상상력으로 바뀌는 것을 경험하게 됩니다.

100권의 책을 아무런 생각 없이 읽는 것은 가능합니다. 그러나 한 권의 책을 100번 읽되 아무 생각 없이 읽는 것은 불가능합니다. 한 권의 책을 100번 읽는 반복을 하는데, 과연 아무런 변화가 없을까요?

반복이란 그저 했던, 같은 일을 또다시 하는 지루한 과정이 아닙니다. 그것은 반복에 대한 지루한 정의입니다. 반복을 추상적으로 이해하는 것이며, 반복 안에 담긴 경험의 혜택을 누리지 못하는 것입니다. 실제로 반복과 사귀어보면 반복이 얼마나 유용한지 알게 됩니다. 반복이란 시간과 장소와 대상을 옮겨가면서 계속 횟수를 더하는 행위라고 볼 수 있습니다.

삶에는 많은 기적들이 있습니다. 인생에서 기적을 경험하는 것은 말로 표현할 수 없는 황홀한 기쁨입니다. 그런데 시간과 횟수를 더하는 반복을 하다 보면 생각지도 못한 기적이 따라옵니다. 한 권의 책을 100번 읽는 반복의 과정은 시간과 횟수를 더하는 것입니다. 그 과정에서 변화의 기적이 찾아오게 됩니다.

기적이란 무엇일까요? 기적이란 과거나 환경에 의해 설명되지 않는 일이 발생하는 것입니다. 그러면 기적은 어떤 절차를 거쳐 일어날까요? 기적은 반복의 과정을 거쳐 우리에게 찾아옵니다. 물론 기적이 드러나는 과정이 드라마 같은 경우도 있습니다. 하지만 기적이 형성되는 과정은 반복을 통해 찾아옵니다.

우리가 너무나 당연시하는 생존도 하나의 기적입니다. 오늘 내가 살아 있다는 것이 왜 기적일까요? 내가 어제 살았다고 오늘 살 수 있는 것이 아니며, 내 옆의 사람이 살아 있다고 내가 당연히 살아 있는 것도 아니기 때문입니다. 숨쉬기를 계속 '반복'하는 사람만이 살아 있음의 기적을 누리게 됩니다.

지금 살아 있는 사람에게 숨쉬기는 매우 쉬운 일입니다. 숨 쉬는 것은 누워서 떡 먹기보다 더 쉽습니다. 하지만 중환자실에 가보면 알게 됩니다. 누군가에게는 숨을 한 번 들이마시고 내쉬는 것이 얼마나 어려운 일인지를 말입니다. 숨쉬기가 힘들다는 것은 그분의 생명이 다해가고 있다는 뜻입니다.

이는 건강의 기적에도 적용됩니다. 어떤 사람에게 건강의 기적이 주어질까요? 항상 건강에 신경 쓴다고 건강해질 수 있을까요? 건강의 기적도 반복의 과정을 통해 찾아옵니다. 주어지는 음식을 감사하게 먹고, 식사와 식사 사이에 자주 몸을 움직여서 운동하면서 스스로를 시장하게 만들고, 밤이 되면 모든 것을 잊고 숙면을 취하는 일을 반복할 때 우리는 건강의 기적을 누릴 수 있습니다.

공부 과정에도 이런 원리는 그대로 적용됩니다. 우리는 공부를 할 때 공부의 주제를 풍성하게 이해하기를 원하며, 훈련된 상상력을 통해 나만의 세계를 창조하기를 원합니다.

공부의 여정에서 나만의 세계를 창조하려는 목표를 이루려면 반복을 사랑하는 사람이 되어야 합니다. 그 과정에서 지치더라도 또다시 매진하고 반복해 목표 지점에 도달할 때 공부의 기적이 일어나고, 우리는 그 기적을 체험할 수 있습니다. 공부의 기적이라는 목적지까지 도달하는 발걸음을 반복해서 내딛는 사람에게 그 기적이 주어집니다.

보폭이 크지 않다고 절망할 필요가 없습니다. 묵묵히 발걸음을 내딛다 보면 시간과 횟수의 반복이 우리를 목표 지점으로 안내할 것입니다. 참으로 인생과 공부는 시간과 횟수를 갖고 공략하는 것입니다.

학습 과정에서도 반복의 혜택을 누려보라고 권하고 싶습니다. 반복의 진정한 가치를 알게 되면 개별적인 만남의 특성을 누리게 됩니다. 반복의 혜택을 누리게 되면 첫 번째 만남과 두 번째 만남의 차이를 느끼게 됩니다.

이 책을 읽고 저 책을 읽는 것만이 새로운 만남이 아닙니다. 동일한 자료를 첫 번째 만나고, 두 번째 만나는 것도 각각의 개별적인 만남이 됩니다. 각각의 만남이 새로운 만남이 되기에 더해지는 횟수도 새로운 만남이 될 수 있습니다. 아홉 번째 만남과 열 번째 만남 사이에 새로운 지평이 열리고 있음을 경험하게 됩니다. 열 번째 만남을 거치다 보면 '이전과 이후(before and after)'가 달라지는 변화가 내 안에서 일어나고 있음을 체험하게 됩니다.

물론 이 과정은 적지 않은 시간을 필요로 합니다. 오랜 시간이 걸리는 것들은 오래 걸리는 시간 자체가 핵심입니다. 그 시간과 횟수를 사랑하게 될 때 '이전과 이후'가 달라지는 혜택을 누리게 됩니다.

결국 '이전과 이후'의 변화를 가져오는 데 가장 큰 역할을 하는 것은 '반복'입니다. 한두 번의 잘하는 행위는 세상에 큰 변화를 가져오지 못합니다. 하지만 시간과 장소와 대상을 옮겨가면서 횟수를 더하는 행위는 세상에 엄청난 흔적을 남기게 됩니다.

한 번 책을 읽고 덮는 것은 나의 지성에 별 영향을 미치지 못합니다. 하지만 어떤 내용에 깊은 인상을 받고, 그 내용을 읽고 또 읽으면서 계속 생각하고 언어로 옮기는 일을 계속하는 행위는 나의 지성과 존재에 엄청난 흔적을 남기게 됩니다. 시간이 지난 후에 이전에 결코 꿈꾸지 못했던 놀라운 결과를 창조하게 됩니다.

어떤 이는 이렇게 말했습니다.

"높은 산, 깊은 바다, 자신의 일에 묵묵히 정진하는 사람! 이 세 가지의 공통점은 무엇일까? 그 마지막이 얼마나 영광스러운 모습일지는 아무도 짐작할 수 없다는 것이다."

그렇습니다. 자신의 일에 묵묵히 시간을 할애하고 횟수를 더하는 사람의 끝은 참으로 멋지고 벅찬 모습일 것입니다.

이름의 중요성

공부를 할 때 우리가 반복해서 사귀어야 할 대상이 있습니다. 바로 우주를 구성하는 개별적 존재들의 '이름'입니다. 이름은 명사(名詞)로 불리기도 하고, 학문에서는 개념(槪念)이라고 불리기도 합니다.

헬렌 켈러는 7세에 앤 설리번 선생님을 만남으로써 인생의 전환점을 맞이했습니다. 1887년 4월의 어느 날, 설리번 선생님은 헬렌의 한 손에 물을 흐르게 하면서 다른 손바닥에 '물(WATER)'이라는 글자를 써주었습니다. 그때 혼돈 상태에 있던 헬렌의 세계는 부서졌고, 새로운 세계가 그녀의 삶 속으로 침투하게 되었습니다.

헬렌 켈러는《내 삶의 이야기(The Story of My Life)》에서 이렇게 고백합니다.

> "언어의 신비가 깨달아졌다. 나는 물이 내 손 위를 흐르는 차갑고 놀라운 무언가를 의미한다는 것을 알게 되었다. 그 살아 있는 단어가 나의 영혼을 깨우고, 내 영혼에 빛과 희망과 기쁨을 주었으며, 나의 영혼을 해방시켰다. 나는 배움의 열정으로 가득해서 그 우물가를 떠나게 되었다. 모든 것에는 '이름'이 있었으며, 모든 '이름'은 내 안에서 새로운 생각을 탄생시켰다."

이름은 참으로 중요합니다. 그러므로 우리는 새로운 자료를 접할 때 각각의 이름을 꼭 기억해야 합니다. 저 역시 공부의 여정에서 이름을 하나둘 알게 됨으로써 이 세상은 그렇게 황량한 곳이 아님을 알게 되었습니다. 한때 염세적 생각으로 어려움을 겪은 적이 있습니다. 인생 자체가 권태라고 생각했습니다. 이렇게 지루한 삶을 계속 이어가는 것이 무슨 의미가 있을까 고민했습니다. 눈을 감으면 시계 초침 소리가 크게 들렸고, 내 곁에 아무도 없는 것 같다는 느낌도 들었습니다.

하지만 지금은 다른 시각을 갖게 되었습니다. 이 세상에서 아무런 의미도 없고, 아무 일도 일어나지 않는 땅은 단 한 평도 없다고 생각하고 있습니다. 단 한 평의 땅 안에도 많은 사건과 만남이 있음을 인정하게 되었습니다.

그러면 예전에는 왜 그렇게 아무런 의미도 없다는 공허한 느낌이 들었을까요? 왜 때때로 그토록 외롭고 공허했을까요? 그 이유를 나중에 알게 되었습니다. 제가 이 우주에 존재하는 사물의 이름을 알지 못했기 때문이었습니다. 이름을 알지 못하면 만남도 일어나지 않는다는 것을 깨닫게 되었습니다.

이름이 만남에 영향을 미친다는 것을 경험했던 일화가 있습니다. 언젠가 한 학생이 저에게 이렇게 말했습니다. "교수님, 저 오늘 교수님을 세 번째 뵙는 거예요." 그런데 저는 그 학생에 대해 별 기억이 없었습니다. 왜 이런 일이 벌어졌을까요? 그 학생을 건성으로 대하거나 일부러 외면했던 것도 아니었습니다. 가만히 생각해보니 제가 그 학생의 이름을 몰랐기 때문이었습니다. 그 학생의 이름을 몰랐기에 개별적 존재로 인식하지 못했던 것입니다. 이름을 모른 채 이루어지는 만남은 인식의 그물에 걸리지 않고, 그냥 사라지는 접촉으로 그치게 됩니다. 따라서 만남의 횟수에 포함되지 않게 됩니다.

그 학생의 입장에서 설명해보겠습니다. 그 학생은 제 이름을 알고 있습니다. 아침에 우연히 제가 출근하는 모습을 보고 '교수님이 주차장으로 들어가시는구나' 하고 생각했을 것입니다. 그러다 점심시간에 제가 본관 건물로 들어가는 모습도 보게 됩니다. 오후가 되어 저와 마주친 그 학생은 저에게 와서 말을 건넵니다. 오늘 저를 세 번이나 보았다고 말입니다.

반면에 저는 아직 그 학생의 이름을 모릅니다. 그 학생은 틀림없이 제 앞을 지나갔을 것입니다. 하지만 저는 그냥 한 무리의 학생 중 하나를 볼 뿐입니다. 상대방의 이름을 모르면 상대방을 개별적이고 인격적으로 만나기가 어려워집니다. 이름을 모르고 감각에 의존할 때 우리의 만남은 막연한 접촉에 그치게 됩니다.

또 다른 예도 살펴보겠습니다. 간혹 바람이 불면 잎사귀가 나무에서 떨어지게 됩니다. 그때 우리는 그냥 잎사귀가 떨어지는 것을 볼 뿐입니다. 그런데 그 나무에 관심이 많아서 그 나무의 특징에 대해 잘 알고 있다고 가정해봅시다. 그때 바람이 불고 잎사귀가 똑같이 떨어집니다. 그러면 우리는 잎사귀 하나하나에 담긴 아픔과 눈물을 느끼게 될 것입니다. 이전에는 쉽게 지나쳤겠지만, 지금은 그 자리를 쉬이 지나가지 못할 것입니다. 잎사귀 이름을 알고 걷게 된다면 우리 가운데 더 많은 시인이 나올 수 있을 것입니다. 이름을 알게 된다는 것이 얼마나 큰 차이를 가져오는지요!

우리가 책을 읽거나 자료를 접할 때 쉽게 망각하게 되는 까닭이 바로 여기에 있습니다. 우리는 아직 이름을 알지 못하기 때문입니다.

상대방의 이름을 아는 방법은 상대방과 자주 마주치는 것입니다. 우리의 만남에 횟수를 더하면 됩니다. 존재를 가까이 하고 만남의 횟수를 더하게 될 때 우리 안에 상대방에 대한 호기심이 발동하게 됩니다. 상대방의 이름에 대해 궁금하게 되고, 상대방에게 이름을 묻게 되며, 때로 그에게 이름을 지어주기도 합니다. 여기서도 반복이 매우 중요하다는 것을 알게 됩니다.

———   ———

반복은 단순히 이전에 했던 기계적 행위를 더하는 것을 넘어서서 우리 안에 잠자고 있던 상상력을 훈련하는 통로가 될 수 있습니다. 반복을 통해 우리는 단순한 접촉을 넘어서 구체적이며 개별적인 만남을 갖게 됩니다. 우리의 만남에 횟수를 더할 때 '이전과 이후'가 달라지는 경험을 하면서 상대방을 더 깊게 만날 수 있습니다. 이제부터는 반복이 어떻게 더 풍성한 축적과 새로운 발효로 이어지는지 살펴보도록 하겠습니다.

축적하라

자료 활용을 위한 세 번째 지침은 '축적하라'는 것입니다.

우리는 반복에 그치지 말고 반복한 것들을 축적할 수 있어야 합니다. '축적하라'는 것은 모아두라는 것입니다. 돈을 대하듯이 지식을 대하면 누구나 좋은 학자가 될 수 있습니다. 부자가 되려면 잘 버는 것도 중요하지만, 잘 보관하는 것도 중요합니다. "번 돈을 쓰지만 않는다면 거지도 부자가 될 수 있다"고 말하는 사람도 있습니다. 부자가 되는 사람들은 많이 버는 동시에 낭비하지 않는 사람들입니다. 우리에게 필요한 것도 우리에게 들어온 지식을 낭비하지 않고 잘 모으는 것입니다.

모으는 것은 엄청난 효과를 발휘합니다. 속담에도 있듯이 '티끌을 모아서 태산을 만드는' 것입니다. 우리가 태산을 만들지 못하는 데는 두 가지 이유가 있습니다. 첫째는 우리가 축적하지 않기 때문이며, 둘째는 우리가 티끌이라고 우습게 여기기 때문입니다.

축적하지 않고 공부하면 낭패를 경험합니다. 수십 년을 공부할지라도 축적의 과정이 없다면 제일 마지막 날 공부한 내용만 남아 있을 뿐입니다. 축적의 과정이 없다면 수십 년을 학교에 다녀도 마지막에 배운 것만 있을 뿐 이전에 배운 것은 다 잃어버릴 것입니다. 우리는 공부할 때 축적하기보다는 대체하는 경향이 있습니다. 뒤에 배운 것이 앞에 배운 것을 밀어낸다면 그런 공부는 큰 변화를 일으키지 못합니다.

축적하는 공부를 할 때 우리는 이전에 배운 것들과 이후에 배운 것들을 포괄하는 큰 원리를 찾게 됩니다. 공부하기의 핵심에는 원리를 찾고 파악하는 능력이 자리잡고 있습니다. 축적하는 사람의 창고는 점점 확장되며, 축적하는 가운데 원리를 파악하는 사람은 광대한 창고를 관리하는 법을 배우게 됩니다.

하나의 원리를 찾아서

잘 배우는 사람은 많은 것들을 포괄하는 핵심적인 원리를 파악하는 사람입니다. 그 사람은 한 가지 원리를 발견해 한 권의 책을 쓸 수 있습니다. 그 원리는 모든 구슬을 꿰뚫는 실의 역할을 합니다. 실을 가짐으로써 자료들을 구슬로 만들고 결국 하나의 진주 목걸이, 곧 한 권의 책 또는 한 주제의 강의를 만들어낼 수 있습니다.

한 권의 책을 쓰기 위해서 반드시 수천 권의 책을 읽어야 하는 것은 아닙니다. 때로는 너무 많이 읽었기 때문에 책을 쓰지 못하는 경우도 있습니다. 배운 것을 잘 축적하고 축적된 내용들 사이의 공통된 원리를 파악한다면 우리는 독특한 관점을 제시할 수 있고, 자신의 관점으로 자료를 재구성할 수 있습니다. 새로운 원리를 바탕으로 자료들을 연결시키면 한 권의 책이나 강의가 산출되는 것입니다.

좋은 책은 언제나 하나의 논지로 구성되어 있는데, 그 논지는 결국 축적된 자료를 파악하는 능력에서 나오는 것입니다. 하나의 논지를 활용해 여러 영역에 적용할 때 훌륭한 결과물이 생산됩니다. 원리를 발견하려면 축적하는 가운데 핵심적 흐름을 발견할 수 있어야 합니다.

공부를 할 때는 무엇보다 축적하는 것이 중요합니다. 축적이 이루어지지 않으면 그 공부는 단절된 공부입니다. 생산성 있는 공부를 하는 사람은 단절의 방법보다 축적의 방법을 따릅니다. 개인적, 시간적 변천을 따라 계속적으로 축적이 이루어지는 것이 좋은 공부법의 특징입니다. 축적하는 것은 이전의 것을 소중히 여기고 새 것을 받아들이는 온고이지신(溫故而知新)의 자세를 발휘하는 것입니다.

발효시켜라

자료 활용을 위한 네 번째 원리는 내용을 '발효시켜라'는 것
입니다.

　우리는 반복하고 축적한 내용을 발효시킬 수 있어야 합니
다. '축적'에서 '발효'로 넘어간 것은 물리적인 차원에서 화
학적인 차원으로의 변화를 염두에 둔 것입니다.

　축적은 좋은 것이지만 단지 모아두었다가 발표하는 것은

지식 세계에서는 '표절'이라는 비난을 받게 됩니다. 논문이나 책에서 남의 글을 그저 베끼는 것은 바람직하지 않습니다. 물론 공부의 초기 단계에는 많이 반복하고 모방하는 것이 좋습니다. 모방은 시작 단계에서는 바람직합니다. 하지만 마지막 단계에 이를 때까지 단순한 재생과 모방만 있다면 그것은 창의적인 기여가 될 수 없습니다.

우리는 남의 자료를 받아서 그대로 내놓는 것이 아니라 발효시킨 뒤에 내놓아야 합니다. 만일 배추와 고춧가루가 축적만 되어 있다면 김치가 되지 않습니다. 배추와 고춧가루가 함께 있는 가운데 발효 작용이 일어나야 김치가 됩니다. 김치가 될 때 우리는 독창적인 기여를 하는 것이며, 그것은 표절이 아니라 창의적인 작품이 됩니다.

지금 우리가 알고 있는 지식의 양은 이전 시대 학자들이 알고 있던 지식의 양보다 더 많을지도 모릅니다. 많은 지식을 가지고 있음에도 불구하고 우리는 생각하는 능력이 뒤떨어져서 우리 자신의 사고를 하지 못합니다. 생각에서 발효 작용이 일어나지 않으면 지식은 종속적인 지식에 불과합니다.

그러므로 우리는 적게 읽더라도 많은 생각을 하면서 읽은 자료를 반복하고 축적하며 발효시키는 연습을 해야 합니다. 주어진 자료를 갖고 씨름함으로써 우리의 사고 지평은 확장될 것이며, 우리도 모르는 사이에 상상력의 날개가 저 하늘 높은 곳을 날아오르게 될 것입니다. 이런 훈련을 할 때 우리는 곧 발효의 기적을 맛보게 될 것입니다.

발효의 기적을 체험하게 되면 우리는 단순한 소비자를 넘어 유통하는 사람이 될 수 있으며 생산자의 길로 접어들 수도 있습니다. 저는 제 소명을 '유통업'이라고 생각하고 있습니다. 저는 스스로 그렇게 창의적인 사람이라고 생각지 않았기 때문에 다른 사람들의 좋은 이야기들을 잘 듣고 보관해서 필요한 때에 전달하는 것을 제 소명으로 삼고 있습니다. 이 책에 있는 내용들도 제가 생산한 내용이라기보다는 제 지식의 창고에 보관해둔 것들을 유통하는 것입니다.

시간과 횟수를 더하며 발효시키기

우리가 배운 내용을 다른 사람에게 발효시키며 유통하려면 어떻게 해야 할까요? 나만의 콘텐츠를 준비할 때 가장 큰 도움이 되는 것은 역시 '시간'과 '횟수'에서 옵니다. 생산 능력이 없어서 다른 사람들의 책 내용을 유통하면서 강의하고 있지만, 책 내용을 그대로 전달하지는 않습니다. 예전에 그렇게 해보았지만 반응이 좋지 않았기 때문입니다. 일단 책 내용을 그대로 전달했을 때 학생들이 집중해서 듣지 않았습니다.

그런데 더 큰 문제는 제 안에 있었습니다. 강의를 하면서 더욱 난감했던 것은 제 자신이 그 내용을 잘 모르겠다는 당혹감이었습니다. 어젯밤에 연구실에서 읽었을 때는 분명 그 내용을 이해했다고 생각했는데, 막상 학생들 앞에 섰을 때 그 내용에 대해 내가 잘 모른다는 것을 경험했습니다. 그래서 이제는 강의를 준비할 때 제 자신의 느낌과 확신을 신뢰하지 못하게 되었습니다. 그럴 때 결국 가장 많은 도움을 준 것은 '횟수'였습니다.

어떻게 횟수의 도움을 받을 수 있었는지 설명해보겠습니다. 저는 좋은 내용을 접하면 그 다음에 반복의 과정에 돌입합니다. 대상을 바꿔가면서 내용을 옮기는 것이죠. 예를 들어 좋은 내용을 읽고 나면 곧바로 아내에게 들려주고 반응을 살핍니다. 반응이 좋지 않으면 바로 이야기를 매듭짓고,

반응이 좋으면 그 다음 대상을 찾습니다. 대체로 학교에 가서 조교들에게 말을 건넵니다. 그 경우에도 반응이 좋으면 전공 수업에 활용합니다. 전공 수업에서 반응이 좋으면 그제야 더 많은 수의 학생들에게 그 내용을 옮깁니다. 전체 학생들로부터 좋은 반응을 받은 것들이 있다면 외부 특강에서도 그 내용들을 활용합니다.

이 과정에서 새로운 일이 일어납니다. 어떤 내용을 반복적으로 옮기다 보면 상대방의 반응이 눈에 들어오기 시작합니다. 처음 옮길 때는 나 자신이 아직 그 주제와 친숙하지 않아 상대방의 반응에 신경을 쓸 여유가 없습니다. 그런데 시간과 횟수를 더하면서 이야기를 옮기다 보면 여유가 생겨 상대방의 반응을 더 잘 보게 됩니다.

예를 들어 7문장 정도의 이야기를 옮기는 경우가 있습니다. 그때 1번, 3번, 5번 문장에 대해 청중은 좋은 반응을 보입니다. 하지만 2번과 4번 문장에 대해 별 반응을 보이지 않거나 때로 역반응을 보이는 경우도 있습니다. 그 경우 다음에 횟수를 더할 때는 2번과 4번 문장을 제하게 됩니다. 상대방의 귀한 시간을 불필요한 내용으로 낭비할 필요가 없기 때문입니다. 한 마디면 충분할 때 두 마디 이상 하지 않는 것은 좋은 습관입니다.

반면에 3번 문장에 대해 청중이 매우 적극적인 반응을 보이는 경우가 있습니다. 그러면 3번 문장에 대해 더 깊이 생각해보게 됩니다. 그 경우 3번 문장 안에 많은 경험과 자원이 들어 있는 때가 많습니다. 그 다음부터는 3번 문장을 더 부연해서 설명하게 됩니다. 3-a 문장과 3-b 문장으로 나누게 되고, 경우에 따라서 새로운 실례를 더 많이 추가합니다. 이렇게 하다 보니 처음에는 책의 내용을 그대로 옮겼다면, 시간이 흐르면서 내용이 조금씩 바뀌는 '발효'의 경험을 하게 되었습니다.

생략으로 단순하게 하기

나만의 좋은 것을 유통하기 위해 생략의 미학을 활용하는 것도 매우 도움이 됩니다. 우리는 잘하기 위해서 많은 것을 덧붙여야 한다고 생각합니다. 하지만 때로 아름다움은 덧붙임이 아니라 생략의 과정을 통해 얻어지기도 합니다.

어떤 일을 시작하면 우리는 자동적으로 흥분 상태에 접어들게 됩니다. 제정신을 잃어버리게 되는 것이지요. 내가 생각한 것이나 내가 작성한 것들이 엄청나고 대단하다는 생각이 나도 모르게 스며들게 됩니다. 그때의 판단을 기초로 하면 우리는 상대방이나 이후에 좋은 평가를 받지 못합니다. 열심히 보고서를 작성했는데 좋은 평가를 받지 못했을 때가 대개 이런 경우입니다.

보고서를 정신없이 작성하지만 좋은 평가를 얻지 못하는 학생들에게는 공통적인 습관이 있습니다. 보고서 작성을 끝내자마자 곧바로 제출한다는 것입니다. 보고서를 쓴 후에 바로 읽어보면 자기 글은 모두 명문(名文)으로 보입니다. 그때는 제정신이 아니기 때문입니다. 하지만 자신이 이미 환각 상태라는 것을 깨닫지 못합니다. 결국 자신이 쓴 글은 교수님이 A⁺ 점수를 줄 것이라는 착각에 빠지게 됩니다. 이런 흥분 상태로부터 자신을 보호하는 습관을 갖추지 못한 사람은 늘 자신의 판단과 교수님의 판단, 또는 자신의 판단과 시장(市場)의 판단 사이의 괴리를 경험하게 됩니다.

보고서를 쓴 다음에 곧바로 제출하기 전에 우리는 제정신을 회복하는 시간을 가져야 합니다. 제정신을 회복하는 데 제일 좋은 시간은 역시 쉼의 시간입니다. 조금 거리를 두고 쉼의 시간을 갖는 것이 좋습니다. 쉼의 시간은 아무 일도 안 하는 시간이 아니라 제정신을 회복하는 시간입니다. 쉼의 시간을 통해 환각 상태에서 깨어나고 냉각의 시기를 거치게 됩니다.

제정신이 돌아왔다면 보고서를 다시 읽어야 합니다. 보고서를 작성한 자신의 입장에서 보고서를 읽기보다 보고서를 읽게 될 독자의 입장에서 읽는 것이 좋습니다. 내가 작성한 보고서의 독자는 여러 사람이 아니라 오직 한 사람이라는 사실을 인지하는 것도 도움이 됩니다.

손에 빨간 펜을 들고 보고서를 다시 읽으면서 많은 것을 지워야 합니다. 일단 지워도 뜻에 별 손상이 없는 단어와 구절은 지워야 합니다. 잘 모르겠다면 일단 지워보면 알게 됩니다. 어떤 구절을 지웠는데도 문장에 큰 손상이 없다면 불필요한 단어와 구절입니다. 명문은 명단어로 구성되는 것이 아닙니다. 불필요한 단어들이 사라지면서 남겨진 평범한 단어들이 멋진 문장을 구성하게 될 것입니다.

문장은 간결해야 합니다. 간결하다는 것은 무조건 짧게 만들어야 한다는 것이 아닙니다. 복문(複文)을 쓰면 안 된다는 것도 아닙니다. 내가 쓰는 문장에 불필요한 단어들을 담지 말아야 한다는 것입니다. 그림을 떠올려보십시오. 그림에는 불필요한 선이 없습니다. 기계에는 불필요한 부품이 없습니다. 문장이 간결해야 한다는 것은 우리가 사용하는 모든 단어들이 지시하는 내용이 있도록 말하고 표현하라는 뜻입니다.

이는 인생을 살아가는 데도 적용할 수 있는 원리입니다. 우리는 탁월한 삶을 살기 위해서 무언가를 자꾸 덧붙여야 한다고 생각합니다. 하지만 더 탁월한 삶을 살기 위해서는 어떤 것들을 줄여야 하는 경우도 제법 많습니다. 안 해도 되는 불필요한 순간들을 제하게 될 때 삶의 탁월성도 회복될 수 있습니다.

생략의 과정을 거치다 보면 어떤 단어들은 지우고 나니 뜻에 심각한 손상을 초래하는 경우가 있습니다. 물론 그 단어들은 다시 회복되어야 합니다. 그 단어들은 매우 중요한 단어이기 때문입니다. 삶에서도 정말 중요한 것은 한 번은 버림을 받아보아야 합니다. 버림을 받은 후에 그 빈자리가 느껴지는 단어나 순간이 있다면 그것은 정말로 중요한 부품이나 순간이 될 것입니다.

이렇게 보면 처음에 글을 쓸 때 가급적 많은 문장들을 적어야 합니다. 4페이지 분량의 보고서를 써야 한다면 그 이상의 분량을 적어야 합니다. 우리가 처음에 모으는 이유가 있다면 나중에 버리기 위함입니다. 버리고 버린 후에 남는 것들이 좋은 문장을 구성하게 됩니다.

유통을 통해 변화 경험하기

우리의 논의를 마무리하면서 좋은 내용을 자주 유통하는 것이 변화의 좋은 도구가 된다는 점을 언급하고 싶습니다. 유통 과정에 종사하면서 한 가지 고민을 해결하게 되었습니다. 공부의 여정에서 겪은 난관 가운데 하나는 '좋은 것을 배워도 오래 가지 않는다'는 것이었습니다. 책을 읽었고, 강의를 통해서 여러 깨달음도 얻었습니다. 그런데 나의 삶은 그다지 변한 것이 없었습니다.

그때 직면한 물음이 '방문'과 '거주'의 차이에 관한 것이었습니다. 좋은 책을 읽고 강의를 듣는 것은 좋은 자료가 나를 방문한 것입니다. 하지만 방문과 거주는 같은 것이 아니었습니다. 좋은 것이 나를 '방문'했으나 내 속에 머무르지 않았던 것입니다. 깨달음을 얻는 것은 좋았으나 막상 그것을 내 것으로 만드는 일은 쉽지 않았습니다. '도대체 어떻게 해야 내게 찾아온 좋은 것들이 내 안에 거주하도록 만들 수 있을까?'

좋은 것들을 내 세포 안에 거주하게 하는 일에 자주 실패하다 보니 새로운 것을 배우는 일에 대해서도 회의가 생기기 시작했습니다. '매번 좋은 것을 듣기만 하면 뭐 하는가? 내 것이 되지 않는데.'

오랜 고민과 시행착오를 거쳐 유통이 해결의 실마리가 될 수 있음을 체험하게 되었습니다. 어떤 내용을 듣기만 했을 때는 내 안에 잠시 머물다가 사라졌습니다. 하지만 다른 곳에 가서 전달하고 옮긴 것들은 내 안에 살아남는다는 것을 알게 되었습니다.

다른 사람에 대한 험담을 옮기다가 자신이 나쁜 것에 물들게 되는 경우도 많습니다. 비교적 좋은 사람이지만 타인의 허물을 자주 옮기는 경우가 있습니다. 시간이 흐른 후에 보면 그 사람도 꽤 나쁜 상태에 빠져 있음을 보게 됩니다. 반면에 좋은 언어를 옮기다가 자신이 그 언어에 물드는 경우도 많습니다. 자신에게 좋은 것이 없기에 타인의 좋은 것을 기뻐하면서 옮기다가 자기 속에 좋은 것이 거주하게 되는 것입니다.

　우리가 좋은 콘텐츠를 옮길 때 상대방도 그 혜택을 누리지만, 좋은 언어를 상대방에게 유통하는 과정을 통해 가장 큰 혜택을 누리는 사람은 바로 나 자신입니다. 이 책을 읽는 독자들도 좋은 콘텐츠를 소비하는 것으로 그치지 않고, 자신이 누린 좋은 것들을 횟수를 더해 유통하면서 삶의 변화를 경험할 수 있기를 기대합니다. 좋은 콘텐츠를 유통하는 것은 나의 과거로부터 벗어나는 길이 될 것이며, 더 나아가 진정한 나 자신을 찾아가는 길이 될 것입니다.

책이 삶의 무기가 되는 그날까지

우리는 지금까지 인간으로서 왜 공부해야 하며, 공부하기가 우리에게 어떤 유익을 줄 수 있는지, 그리고 책을 어떻게 읽고 활용해야 하는지에 대한 몇 가지 지침을 살펴보았습니다. 우리가 함께 살펴본 것들은 심오한 내용이 아닙니다. 우리가 일상적으로 공부할 때 부딪히는 물음들에 대해서 답변을 시도해본 것입니다.

공부하기를 통해 우리는 참 사람이 될 수 있으며, 인생의 온갖 혜택을 누리며 유통할 수 있습니다. 공부한다는 것은 사치스러운 행위가 아닙니다. 우리는 공부하기를 통해 우주의 구성원들과 만남과 사귐을 갖게 됩니다. 우리의 행복은 이러한 만남과 사귐 속에서 더 높고 깊게 펼쳐질 것입니다.

청년 시절에 한동안 염세주의에 빠져서 힘든 시절을 보낸 적이 있습니다. 그 과정에서 선생님과 선배님들을 통해서 좋은 언어의 도움을 받게 된 것은 삶의 전환점이 되었습니다. 삶에 대한 열정이 회복되면서 좋은 콘텐츠를 생산하고 싶은 소원도 일어났습니다.

하지만 그 과정은 쉽지 않았습니다. 잘하는 사람들의 뛰어난 업적을 보면 자신감을 잃게 되고 열등감을 느꼈습니다. 좋은 책을 읽을 때마다 나를 괴롭힌 생각이 있었습니다. '저자는 이 글을 어떻게 썼을까? 첫 번째 문장 다음에 두 번째 문장이 어떻게 생각이 났을까?' 한 문장을 짜내기 위해서 고민하는 나의 모습이 나 자신에게도 초라해 보였습니다.

그런데 내게 별 재능이 없다는 것을 인정하고 유통의 원리를 알게 되면서 큰 깨달음을 얻었습니다. '나에게 없으면 빌려와서 사용하면 되겠구나.' 그 다음부터 다른 사람들이 가진 것을 빌려오는 일에 집중했습니다. 나에게 창의적 재능은 없지만, 좋은 문장을 나의 노트에 옮기고 다른 이들에게 계속 유통한다면 이러한 사고구조가 내 안에서 형성될 수 있음을 알게 되었습니다. 나의 전공은 다른 사람들이 잘한 것을 옮기는 일이 되었습니다.

이제는 뛰어난 사람들을 직접 만나거나 그분들의 책을 읽는 것이 행복한 일이 되었습니다. 잘하는 사람에게 잘한다고 말하는 것이 가장 잘하는 것이며, 뛰어난 저자의 글을 나의 노트에 옮기는 것이 가장 유익한 투자가 된다는 것도 알게 되었습니다. 좋은 사람을 만나고 탁월한 책을 읽으면서 스트레스를 받지 않게 된 것은 유통의 원리를 깨닫게 된 덕분입니다.

우리는 책의 도움을 받아서 한 분야의 전문가의 식견을

유통할 수 있기에 책은 유통의 중심에 있습니다. 공부하기와 책 읽기에 관한 이 작은 책이 자신만의 콘텐츠를 생산하기를 꿈꾸면서 내일을 준비하는 이들에게 든든한 삶의 무기가 되기를 기대하며, 베르톨트 브레히트의 '배움을 찬양함'을 소개하며 이 책을 마칩니다.

배움을 찬양함

– 베르톨트 브레히트

가장 단순한 것을 배워라!
자기의 시대가 도래한 사람에게는
결코 늦은 것이란 없다!
알파벳을 배워라, 그것으로 충분하지 못하지만
우선 그것을 배워라! 꺼릴 것 없다!
시작해라! 당신은 모든 것을 알아야만 한다!
당신이 앞장을 서야 한다.

배워라, 난민 수용소에 있는 남자여!
배워라, 감옥에 갇힌 사나이여!
배워라, 부엌에서 일하는 부인이여!
배워라, 나이 60이 넘은 사람이여!
학교를 찾아가라, 집 없는 자여!
지식을 얻어라, 추위에 떠는 자여!
굶주린 자여, 책을 손에 들어라. 책은 하나의 무기이다.
당신이 앞장을 서야만 한다.

———   ———

책을 읽어도 남는 게 없다는 당신을 위한 온전한 독서법

진작 이렇게 책을 읽었더라면

1판 1쇄 발행 2020년 11월 23일
1판 3쇄 발행 2023년 11월 3일

지은이. 장경철
기획편집. 김은영
마케팅. 이운섭
디자인. 김희림

펴낸곳. 생각지도
출판등록. 제2015-000165호
전화. 02-547-7425
팩스. 0505-333-7425
이메일. thmap@naver.com
블로그. blog.naver.com/thmap
인스타그램. @thmap_books

ⓒ 장경철, 생각지도 2020
ISBN 979-11-87875-07-9 (03320)